DU

RETOUR DE BONAPARTE,

PAR

LE COMTE ALEX. DE T***.

Quæque, ipse miserrima vidi,
Et quorum pars—

Quod verum atque decens curo et rogo, et omnis in hoc sum.

LONDRES:
SE TROUVE CHEZ SCHULZE ET DEAN, IMPRIMEURS,
No. 13, POLAND-STREET, OXFORD-STREET.

1815.

AVANT-PROPOS.

Il y a des hommes de qui la destinée est d'être calomniés et méconnus : les jugemens du siècle où nous vivons sont peu imposans ; et je suis convaincu qu'il y a bien des gens, valant mieux que leur réputation, qui rient paisiblement de leurs juges.

Tel homme a contribué à renverser une monarchie, est couvert de sang, porte un nom que l'histoire vouera au mépris ; a conspiré pour faire périr ses amis, sa famille, pour couvrir de deuil son pays ; a trahi son Roi, ses sermens, la reconnoissance, tous les devoirs les plus sacrés ou les plus simples ; n'a jamais hésité sur une noirceur, sur un forfait quand sa fortune ou son ambition l'ont commandé, et trouve des prôneurs, des amis et rencontre la considération ! ! !

Tel autre né avec des passions ardentes, a commis des légéretés, des inconséquences, des fautes peut-être, mais porte une âme noble, généreuse, un cœur sensible, et est jugé à la rigueur par des imbécilles qui ne le connoissent pas, ou par des envieux qui le connoissent trop : il vaut mieux qu'eux, s'est mieux conduit qu'eux dans tontes les occasions importantes et décisives pour l'honneur: il les trouve néanmoins dans son chemin ; ils élèvent contre lui des clameurs, des préventions, lui rendent plus difficiles les faveurs de l'autorité souveraine pour le maintien de laquelle il a milité de toute la force de ses moyens quand *ces honnêtes gens* la trahissoient, ils lui rendent pénibles jusqu'aux bienfaits qu'il reçoit du trône que leur immoralité ou leur ineptie a contribué à renverser.

L'auteur de cet écrit fut connu de Louis XVI et en fut apprécié : si cet excellent prince eût échappé à ses boureaux, il en eût été amplement récompensé. Il ne se plaint de rien, il ne dit pas qu'il ne l'ait pas été suivant ses prétentions et ses espérances ; mais il était de son destin d'avoir des ennemis redoutables, même parmi ceux qu'il a aimés ; il lui étoit réservé d'inspirer la haine que son âme s'enorgueillit de ne pas connoître. Quant à ceux qui l'ont *desservi*, égarés par de fausses notions sur son compte et croyant acquitter leur conscience, il leur pardonne chrétiennement et de bon cœur.

Si ces lignes parviennent jusqu'à Louis XVIII,

jusqu'à ce prince que la providence et l'ange tutélaire de la France lui avoient rendu, il y verrra si ce n'est l'empreinte du talent, au moins la fidèle expression d'un cœur éminemment français, profondément dévoué à sa personne sacrée, à ses vertus, et à la cause vraiment nationale de son auguste maison.— Si le Roi reconnoît la main qui traça cet opuscule, il daignera peut-être se ressouvenir que la veille de ce jour même où Sa Majesté quittoit Paris, elle connut d'une manière directe et particulière mon désir de combattre pour le Roi et pour la monarchie, de la faire triompher ou de m'ensevelir sous ses débris, dans cette grande bataille que je croyois fermement devoir se donner à quelques lieues de Paris, bataille dont l'âme paternelle du roi fut détournée par son seul amour pour son peuple.

Si ce prince, aussi vénéré de l'Europe qu'il est adoré par les Français dignes de ce nom, honore quelques-unes de ces lignes de son approbation, s'il pense que cet ouvrage, tracé si rapidement, n'est pas sans quelque valeur, je dirai comme *Alceste*.

" Le temps ne fait rien à l'affaire."

Mais j'ajouterai avec bonheur

" Un tel suffrage fait tout."

Londres, 24 Avril 1815.

DU RETOUR DE BUONAPARTE.

CHAPITRE I.

De la Nécessité d'attaquer promptement Buonaparte ; du Devoir des Souverains envers eux-mêmes, l'Europe et leurs Nations de le renverser ; de la Facilité qu'ils y trouveront.

Préviens ton ennemi : tu l'as déjà vaincu.

SORTI volontairement d'un pays où j'ai pris la résolution de ne jamais rentrer qu'avec la famille de mes souverains légitimes, et où j'ai été conduit à vivre, six ans avant la restauration, par une suite de circonstances indépendantes de ma volonté j'attendois en Angleterre, dans cette contrée de la raison et de la liberté, que le bruit des armes vint m'avertir de quitter ma retraite, où je donnois, malgré moi, quelques soins à ma santé chancelante ;

mais on se porte toujours assez bien sur un champ de bataille, si l'on s'y fait tuer ; et la santé s'y fortifie, si l'on en revient.—Les délibérations des cabinets, les conseils tenus par les ministres des puissances, l'expédition des courriers, les négociations, enfin toutes les mesures dilatoires de la politique, de la diplomatie et des coalitions ont contristé mon âme qui tremble que celle des souverains ait hésité —qui s'effraye de voir perdre les plus favorables instans et l'occasion qui ne renaîtra plus d'attaquer avec avantage et certitude de succès le plus grand criminel de tous les âges et le plus infatigable tyran qui ait opprimé la terre.

La maison de Bourbon n'a perdu le trône de France que par les qualités qui devoient le lui assurer à jamais, n'eût-elle pas eu ses droits imprescriptibles et sacrés à une couronne que son auguste race a portée durant tant de siècles ; elle a perdu cette couronne deux fois par son incorrigible bonté, par cette inépuisable douceur d'âme, et de sentimens qu'on a qualifiés, à si juste titre, de céleste. Mais ce n'est pas ici l'instant des récriminations ou des reproches ; ce n'est pas le temps ou de la louange ou du blâme. C'est le temps d'attaquer Buonaparté de toutes parts ; il n'est plus que le simulacre de lui-même, il n'est même plus, parmi ses complices, d'une stature disproportionnée et gigantesque : et les vers si fameux de Milton sur Satan, malgré toute l'analogie, ne peuvent plus lui être appliqués :

> .... He, above the rest,
> In size and gesture proudly eminent,
> Stood like a tower.

Son titre, qui n'a jamais été qu'une usurpation décorée de quelque pompe spécieuse, n'a même plus de valeur parmi les plus crédules. Sa gloire est ternie, sa vie délustrée, son immoralité plus constatée que jamais, son parjure plus horrible que sa lâcheté même d'avoir survécu à sa chute, et son mépris pour l'humanité et surtout pour la France, dévouée par lui à tous les fléaux, proclamé à la face de l'univers déchaîné contre lui. Reste donc la partie gangrenée d'une armée de brigands, qu'on ne peut trop se hâter d'exterminer : mais qui renferme encore dans son sein une portion loyale qui n'attend que le moment d'abjurer, ou la contrainte ou ses erreurs ; reste la plus vile populace, qui n'espère et n'appelle que confusion et ruines ; restent ces hommes à qui leur conscience propose, sans cesse de nouveaux crimes, pour échapper à la terreur de leurs anciens forfaits.—Voilà cette foible quotité d'une nation passablement dégradée, fatiguée par vingt-cinq ans de révolutions, qu'aucun autre peuple n'aurait pu traverser néanmoins sans perdre non-seulement ses vertus, mais jusqu'à son nom ; mais où il se trouve encore des âmes généreuse qui préservent le feu sacré et la tradition de l'honneur nationale qui a été le plus blessé par ceux qui en ont parlé le plus. Tels sont, dis-je, les foibles élémens de cette ligue de scélératesse que la puissance et l'équité des souverains de l'Europe, sont impérieusement sommées, au nom de leurs existence positive, de détruire jusques dans leurs germes : devoir dont ils sont, aux yeux de Dieu et de l'univers, comptables à eux-mêmes et à leurs sujets : obligation sacrée qu'ils ne peuvent différer de remplir, sans rendre plus difficile une tâche qui, maintenant, n'offre que peu de sacrifices et d'efforts à faire, peu de sang à verser, peu de périls à surmonter.—Mais qui ne voit aussi que le monstre qui gouverne la France, aidé par tous les agens d'iniquités qui, les premiers, y organisèrent les massacres ; qui ont exclusivement la tactique des confiscations, du pillage, du meurtre, de la terreur ; qui, jadis, conçurent l'affreux dessein de rendre l'intérieur de la France inhabitable pour pousser aux frontières les armées, comme des troupeaux ; qui ne voit, dis-je, que Buonaparte livré au plus sombre désespoir, prêt à tout entreprendre, n'ayant de salut que dans des mesures extrêmes et atroces, préparé à s'ensevelir avec les scélérats qui le secondent sous les décombres de la France, ne devienne plus redoutable chaque jour qu'on permet à sa tyrannie de se consolider ?

Maîtres du monde ! venez réparer la faute magnanime que vous avez commise, en accordant la liberté et la vie à l'homme odieux, au réprouvé qui devoit être mis en jugement pour le tissu d'horreurs dont sa vie publique et privée étoit semée !

Venez rasseoir sur ses bases la liberté, cette Libert sage, sœur de la Paix. Que cette paix soit durable! cette liberté alliée aux principes et à la raison! aussi éloignée du despotisme que de la licence! Remettez sur le trône de leurs aïeux les rejettons de cette race contemporaine de tous les souvenirs d'un Français! Remettez à sa place votre auguste frère, le chef de la maison de Bourbon! Inspirez-lui vous-mêmes de ne plus permettre que le sol de cette antique France reste souillé par la présence de tant de brigands, élevés à la puissance et aux richesses, par plus de crimes qu'il n'en faut pour périr vingt fois à la grève par le dernier supplice des plus vils scélérats; brigands désignés au mépris des nations par l'horreur de tous les Français qui en espéroient le châtiment, brigands qui devoient, au moins, au retour du Roi, abandonner la France, qui fut leur proie et leur victime, comme les oiseaux de la nuit s'enfuient devant l'astre du jour.

CHAPITRE. II.

De l'Entrée de Buonaparte à Paris; de l'Opinion publique à cette Epoque.

Si mendacium agitant, nolite credere! aderam presens.

MALGRÉ l'horreur que m'inspiroit l'ennemi du genre humain, la rentrée dans Paris de l'oppresseur de mon pays et du désolateur du monde, je ne quittai cette capitale que deux jours après son retour. Je ne dirai pas que je voulois juger l'opinion publique : elle m'étoit connue; je l'avois cherchée ou épiée dans toutes les classes, mais j'en voulois voir les développemens et les effets: abattu par un si grand revers, consterné de la honte et de l'oppression de ma patrie, j'observois toutes les figures: mon âme trouvoit, pour la première fois, presqu'un plaisir sinistre à voir une joie si rare voilée par une tristesse si visible et si universelle.

Quelques heures avant l'entrée du tyran, je parcourus les jardins, les places publiques et les rues; partout le même abattement; quelques soldats et quelques hommes de la lie du peuple interrompant ce silence par quelques vociférations de " Vive Napoléon;" la garde nationale morne et mécontente, ne déguisant pas l'horreur que lui causoit cette poignée de brigands. On avoit pensé que le plus odieux de tous entreroit dans l'après-midi; ses craintes et sa conscience l'en empêchèrent. Il avoit été précédé d'un régiment de cavalerie, qui traversa Paris comme une ville conquise; le sabre à la main, et la plus grande partie d'eux, *le pistolet au poing*. C'étoit le moyen de gagner tous les cœurs dont les secrets sentimens, peints sur tous les visages, n'étoient pas difficiles à lire! la plupart étoient ivres, crioient " Vive l'Empereur!" d'une voix enrouée et ne faisoient pas de prosélytes. On commença à fermer toutes les boutiques, (il étoit trois heures de l'après-midi) comme si l'on avoit craint le pillage de la part de ceux que ce seul désir rendoit fidèles à celui qui devoit un jour l'ordonner. Les citoyens se renfermèrent chez eux, comme si Catilina, précédé de torches et de poignards, avoit été aux portes de Rome: chacun disoit par son silence et par ses paroles que c'en étoit fait de la patrie.

Après huit heures, entra dans l'obscurité, enfermé dans sa voiture, le moderne Néron accompagné d'un piquet de cavalerie et de quelques courtisans dignes de lui: il revoyait cette reine des cités, déterminé à la réduire en cendres, plutôt que d'en sortir désormais pour chercher un asile dans l'univers qui le repousse. La garde nationale, restée sous les armes, faisoit la police dans les rues et dans les lieux publics, où quelques soldats pris de vin, accompagnés de quelques hommes des faubourgs, poussoient des cris qui ressembloient plus à ceux de la rage qu'aux transports de l'enthousiasme pour la cause de l'usurpateur. Je me plais à rendre itérativement un hommage à la garde nationale, qui n'en est qu'un à la vérité ; c'est que sa contenance montroit l'horreur que lui inspiroit ce triomphe dérisoire ; et je certifie, comme témoin oculaire, qu'au palais royal un scélérat dont les traits sont encore devant mes yeux, porteur d'un visage livide et pendable, d'une tête énorme, à bouche béante, cherchant à en imposer par sa stature colossale, étalant à son chapeau et à son habit des nœuds de ruban tricolore, et hurlant enfin d'une voix de stentor : "Vive Napoléon !" fut au moment d'en être puni. Voyant arriver devant lui un détachement de la garde, il l'attendit de pied ferme, comme s'il avoit voulu le braver et lui crier à l'oreille le chant de sa rébellion. L'officier qui commandoit ce peloton qui parcouroit le jardin, eût, ainsi que plusieurs de ceux qui le suivoient, l'intention visible de l'arrêter, et quelques-uns le regardèrent d'un air menaçant qui pouvoit passer pour l'avant-coureur de quelques coups de bayonnettes. Je le vis ensuite se justifier dans la foule, où quelques gens du peuple le blâmoient même de son action ou de l'air qui l'avoit accompagnée : " *Les opinions sont libres.*" Il recommença ses hurlemens auxquels personne ne répondit, quoique la foule fut immense : le bruit des magasins qui se fermoient avec précipitation fut le seul écho de sa fureur.—Le mouvement de ces gardes nationaux, prompt comme la pensée, fut comprimé par une réflexion aussi vive qu'elle, surtout pour des pères de famille, c'est que le tyran arriveroit dans la soirée, et qu'ils se voyoient déjà la proie du tygre échappé de sa caverne.

Le voyez-vous entrer dans ce palais, ressaisir ce sceptre brisé dont il a signé la renonciation, porter sa main parjure sur cette couronne que *lui seul* a posée sur sa tête et que le tonnerre en a fait tomber? le voyez-vous, dans cette solitude, chercher à se rasseoir sur ce trône qui se rebrisera sous lui, sur ce trône qu'il a formellement abdiqué, sur ce trône veuf du seul Roi légitime qui n'en est momentanément descendu que par amour pour son peuple et sa capitale violés par une soldatesque parricide? Il arrive, étonné pour cette fois, de succéder à ses maîtres, effrayé d'eux et de lui-même, épouvanté du silence qui l'avertit qu'il est dans une ville si peuplée. Après voir reçu quelques confidens de ses crimes, il va chercher en vain quelque repos, sous la protection des canons et de sa garde éparse dans les cours du palais.

Quelques voix salariées dans les rangs de la plus vile populace et dans ceux de quelques jacobins couverts de boue et de sang demandèrent, le lendemain, à le voir paroître sur un balcon, où la presque totalité des habitans de Paris auroit voulu voir un gibet élevé pour en faire justice : il y parut avec cette prétendue Reine de Hollande, décorée par l'excessive bonté du roi et par des sollicitations puissantes du titre de Duchesse de St.-Leu, qui conspira contre son souverain et son bienfaiteur, et n'avoit pas même attendu pour le trahir qu'elle eût retrouvé son corrupteur et le maître de son habitude et de son choix. Leçon frappante et qui, faut-il au moins l'espérer, ne sera pas perdue! La morale de cette leçon est qu'il y a des choses irrémédiables, des maladies qui ne se guérissent point, des êtres incorrigibles, et qu'il n'y a que *la folie de se confier à eux qui* soit aussi téméraire que leur endurcissement est incurable!!!

CHAPITRE III.

De l'Impossibilité de la Guerre Civile ; de son Impuissance pour le Triomphe de la bonne Cause.

La guerre civile ne s'établit que chez une nation saine et vigoureuse, au commencement de ses dissentions, ou du moins lorsqu'elle n'est pas épuisée par la lutte de tous les partis triomphans et abattus tour-à-tour. Certes, il y a en France autant de courage individuel que dans aucune nation de la terre : mais la démoralisation, l'égoïsme, la fatigue et l'habitude des révolutions sont à un tel degré, qu'on ne met presque plus de prix à ce qui se rattache au mode de gouvernement qu'on va *subir*, s'il faut un effort spontané pour s'y soustraire ou pour y parvenir. L'armée accoutumée aux combats et à la victoire, indignée d'avoir été soumise une fois par *l'Europe en armes*, habituée à dicter des lois, à se gorger de pillage, à promener partout ses fureurs à la voix d'un chef qu'elle regardoit comme invincible, l'armée (ou plutôt ce qui en reste dans sa partie gangrenée) veut la guerre, rien que la guerre : tout ce qui la fait haïr la leur fait aimer.

Quelques hommes enrichis par des acquisitions honteuses, qu'on ne songe pas même à leur contester, qu'on leur a garanties, descendent dans leur conscienne pour en rapporter des terreurs. Des monstres chargés des plus noirs forfaits de la révolution, hydeusement souillés du sang de leur roi et de celui de leurs concitoyens, rêvent l'échafaud quand on ne les a condamnés qu'à leurs remords: ils n'ont que des craintes; elles suffisent à leur supplice : ils ne sont pas nés pour croire à la clémence. Un ramas de prolétaires et de brigands, vieillis dans le crime, bravent, en vivant, la justice contemporaine : ils veulent éterniser l'anarchie, sachant par expérience que, lorsqu'on remue un égoût, c'est la vase la plus fétide qui surnage. Viennent enfin quelques sots dangereux qui sourient encore de bonne foi à la *république*, et qui se flattent que des secousses, des agitations, des changemens l'amèneront. J'oubliois une classe d'imbécilles orgueilleux qui, au sein de la nation la plus vaine du globe, s'évanouit de jalousie devant un cordon ou devant un titre, si ce n'est pas une récompense de deux jours, ou si la date en est ancienne.... Mais j'aperçois une centaine d'hommes, véritables oppresseurs de la France : les voilà qui s'avancent ces possesseurs de richesses immenses mal acquises, ces dépositaires exclusifs d'un pouvoir arbitraire et détesté, ces tyrans délégués par le tyran pour enchaîner de plus en plus une nation depuis vingt ans dans leurs fers, et qui ne veulent relâcher leurs victimes que de l'autre côté du tombeau. Ils sont la France, ils la représentent, si on veut les en croire; ils sont ses interprêtes quand ils soutiennent la domination *Napoléonnienne* avec des fusillades et des embastillemens ; ils sont la France quand ils prétendent qu'elle rougit de ses anciens souverains, qu'elle répudie la plus auguste race de rois dont tout autre peuple seroit fier, qu'elle veut les changer contre un misérable étranger, contre un corse, contre le sanguinaire instrument de la colère des démons !! Des étrangers, gens de sens et d'esprit, bien intentionnés, m'ont dit : Mais voilà une minorité bien peu imposante au milieu de 25 millions d'hommes !—cette minorité est active, désespérée, tient les places et l'autorité dans ses mains, regarde la France comme sa conquête, comme une mine qu'elle exploite, dont elle s'est habituée à fouiller tous les sillons ; elle a divisé tous les français pour les asservir, pour les faire tous également esclaves du pouvoir militaire qui cumule en lui seul tous les attributs de la puissance. L'armée est là pour soutenir toutes les tyrannies qui ne lui commanderont pas le repos : elle reconnoîtra toujours la voix de son ancien chef tant qu'il ne la condamnera pas à la paix.... et si sa bouche même la proclamoit, ils savent à quoi s'en-tenir, ils savent qu'elle n'est pas dans son cœur, et qu'on peut toujours appeler de Napoléon faisant un serment à Napoléon qui va le violer.

Dans un tel état de choses, la guerre civile est un être de raison : l'organiser au profit et à l'avantage de l'autorité royale est une impossibilité. La France courbée pour la dernière fois sous un joug de fer ne peut se relever que soutenu par des armées étrangères, qui ne viennent point donner à des français des armes pour égorger la patrie, mais les moyens d'exterminer ses oppresseurs. Cette grande coalition européenne vient venger la morale éternelle outragée, elle vient renouer le pacte social rompu par une faction infatigable et sanguinaire, épouvante des générations contemporaines et dont le passage sur la terre trouvera l'histoire et l'avenir incrédules : elle vient sous les auspices de tous les souverains de l'Europe, tous également intéressés à la conservation de l'ordre et à celle de la maison de France, si lâchement trahie, si odieusement outragée ; sous les auspices de tous les souverains de l'Europe atteints et blessés dans la personne sacrée de Louis XVIII, et essentiellement intéressés à la félicité et au repos des nations, puisque Dieu les en a faits les maîtres et les arbitres.

CHAP. IV.

Du Militaire Français.

CERTES, il n'est personne au monde moins disposé que moi à contester à l'armée *française* la moisson de gloire et de lauriers qu'elle a faite pendant vingt ans, dans les parties du monde où elle a combattu. Jusques-là, soldats et officiers ont prouvé qu'ils étoient *français* : ils seroient reconnus avec orgueil par les bandes héroïques qui combattirent jadis sous les *Turenne*, les *Condés*, les *Catinat*, les *Luxembourg*, les *Vendôme*, les *Villards*, etc.... Par ces intrépides soldats qui se ralliοient au panache de l'intrépide Henry, et qui conquirent son peuple déjà une fois égaré.... Ceux-là, aussi, j'espère, étoient des héros ! ils fraterniseroient ensemble et pourroient également s'en vanter !

Mais la discipline de Louis XIV étoit sévère, quoique paternelle. Mais les généraux de Louis XIV servoient un monarque légitime : tout se ressentoit d'une source si pure. Les soldats étoient fiers et obéissans. On n'exigeoit pas trop, un jour, de leur devoir, pour les en récompenser, un autre jour, par la licence. Les mémoires du temps disent que l'armée entière murmura seulement, (malgré les avantages qu'elle en retira) quand *Louvois* se déshonora par l'incendie du Palatinat. Qu'eût-elle dit d'une guerre de plusieurs années, d'une guerre infâme et sacrilége telle que la guerre d'Espagne qui démoraliseroit la vertu même ? Qu'auroient dit nos pères, à qui Louis le Grand confessa noblement qu'il *avoit trop aimé la guerre*, de l'expédition insensée de Moscou ? Le maréchal de Villeroy même n'en eût pas été absous, et je pense que le militaire français de ces temps réguliers, eût trouvé ce malheur plus affreux que la bataille même de *Ramillies*. Je doute que le soldat français de cette époque, si féconde dans tous genres de la gloire et de l'honneur, se fût attaché par cela même au chef qui auroit conduit la plus superbe et la plus florissante des armées à l'esclavage et à la mort.—Je doute que les débris de cette armée, changée en statues de glace au milieu des neiges, des déserts et des frimats, en eût aimé davantage le furieux qui les avait immolés à sa stupide ambition ; et que ces braves militaires eussent rendu un si extraordinaire hommage aux mânes de tant de héros que d'en chérir de plus en plus et la guerre et l'auteur de tant de désastres et de criminelles absurdités. Je doute—mais non je n'en doute pas ; et ces inexplicables illusions, cette singulière exception, étoient réservées à nos temps d'égoïsme, de combustions et de vestige.—Disons la vérité.

Il n'y a pas un souverain légitime en Europe qui eût pu commettre de tels crimes, faire de telles fautes impunément. Mais ils n'ont pas de certaines expiations à offrir aux débris d'une armée mécontente, ils n'ont pas des sacrifices, des concessions de tout genre à lui faire. Toutes les faveurs, tous les trésors ne sont pas à leur disposition pour la gagner : ils ne disent pas à leurs troupes qu'elles sont tout et que la nation n'est rien, ils n'en font pas une puissance devant qui tout ploye, ils n'en font pas une *force délibérante*, ils ne les prennent pas pour témoins et garans de leur législation et de la servitude de leurs concitoyens, et ne forcent pas toutes les habitudes, et la domination de la victoire à se mêler à toutes les habitudes et à tout l'esclavage de leurs cités. Les nations où se recrutent les autres armées n'ont point été pouries par une révolution de vingt-cinq années : des crimes, des attentats qui ne se trouvent point encore dans les annales des autres peuples ne se sont point déroulés devant leurs yeux. La foi des sermens y est encore vierge—de ces sermens qui doivent être une religion, surtout pour des gens de cœur : ils n'eussent certainement pas été violés par une autre armée française, moins accoutumée que celle de nos jours à d'éternelles mutations, à des infidélités renaissantes dans le gouvernement, à des jongleries honteuses, à de perpétuelles violations de la foi de son chef, à des dissentions intestines qui sont, au moins, une image des scènes dont la garde prétorienne à Rome, et les janissaries à Constantinople ont été si souvent ou les acteurs ou les complices.

Au reste, ce seroit donner aussi trop d'avantage aux détracteurs de la conduite de l'armée française, et même trop de crédit aux fauteurs peu nombreux de Napoléon, que de penser que cette défection ait été si généralement approuvée par les soldats, par les officiers et surtout par leurs chefs. Il est de grandes et honorables exceptions : tous ceux qui sont séduits ne le sont pas sans retour, tous ceux qui sont entraînés ne sont pas coupables ; nous n'entendons pas d'ici la voix de ceux qui blâment cette trahison ou qui brûlent de la réparer, nous ne lisons pas d'ici dans les cœurs de ceux qui voudroient embrasser l'étendard des lys comme un autel d'expiation et de refuge : mais nous sommes certains que *Duguesclin*, *Turenne*, ou *Bayard* reparoissant parmi les troupes françaises y seroient encore vénérés, et qu'un *Ney* est aussi méprisé dans leurs camps que dans l'Europe.

D'un autre côté, nous laisserons les prôneurs du jour et de tout ce qui est nouveau, dire ce qui leur plaira, nous les laisserons exalter l'armée et sa composition aux dépens de l'ancienne France, aux dépens des anciens et glorieux souvenirs desquels d'autres Français ont été, aussi, les dépositaires et les continuateurs, ils peuvent donner carrière à leur animadversion, à leurs remarques, à leur bile. Mais l'Europe a prononcé : elle a crié que cette même noblesse qu'on outrage avec tant de lâcheté, parce qu'elle est proscrite et malheureuse, eût été fidèle à tous ses devoirs, eût gardé ses sermens et sa foi et eût péri toute entière pour sauver l'honneur : elle a prouvé que tout cela étoit compatible, ou plutôt inséparable du métier des armes et des faveurs de la victoire.

CHAP. V.

De la Maison de Bourbon.

La *France* est aussi nécessaire à l'Europe que *la maison de Bourbon* l'est à la *France.* Si l'une pouvoit être partagée, comme quelques insensés l'ont rêvé, l'*Europe* livrée à d'interminables débats se légueroit à elle-même des guerres éternelles et tous les gages de sa ruine et de sa destruction. Par une conséquence du même principe, la France ne se reposera jamais que dans la monarchie de ses pères, n'aura de garans de sa sécurité pour le présent et l'avenir, de sûreté contre le passé, que dans le gouvernement de ses princes légitimes, tant qu'il restera un seul rameau de cet arbre sacré. Leur cause est *imperdable*, et l'on a trouvé trop *miraculeux* l'événement qui nous les a rendus ; cet événement devoit arriver, et le *miracle* auroit été qu'il n'eût pas eu lieu dans un temps donné. Ce qu'on appelle si étrangement la dynastie de Buonaparte n'a jamais eu les chances de l'avenir pour se consolider, malgré tous les caprices de la fortune, malgré cet incompréhensible destin aplanissant si long-temps toutes les voyes devant un seul homme.

Il n'est pas, j'en suis persuadé, un seul homme

d'état, vraiment digne de ce nom en Europe, qui l'ait pensé.

Tous les élémens de subversion ont toujours fermenté sous ce trône de quelques années, élevé a la hâte par une faction et l'artifice, entouré d'une haine sourde et d'un mépris qui ne se déguisoit pas : l'homme n'étoit pas plus de mesure avec sa place que la patience et l'orgueil de la nation ne devoient se trouver en harmonie, en dernier résultat, avec un si vil usurpateur et sa tyrannie.

Une partie de la nation éprouvée par tant de malherus n'avoit pas connu la domination paternelle de ses Rois : la tradition même de leur gouvernement étoit inconnue à un grand nombre : tous pourront comparer maintenant, et choisir entre le maître et l'esclave.

Les efforts valeureux de M. le Duc d'Angoulême pour reconquérir ce grand héritage, ont montré à la France qu'il étoit du sang des héros : cette héroïne auguste, cette noble fille du roi-martyr ne seroit point désavouée par son immortelle aïeule Marie-Thérèse : ses droits se seroient accrus, s'ils pouvoient l'être.

Le Roi, dont la sagesse, l'esprit supérieur et l'habileté ne sont pas plus méconnus que les autres vertus, a laissé dans tous les cœurs un souvenir impérissable. Son excessive bonté !!!.... Voilà donc, français ! le seul reproche que vous ayez à faire à votre roi !

Que dirai-je de son auguste frère qui joint à

cette grâce que notre nation regardoit comme un de ses attributs, l'esprit aimable, loyal et chevaleresque d'Henri IV?

Que si quelques voix ennemies ont fait entendre quelques accens malévoles contre un prince jeune et brave, amoureux de la discipline militaire, ne s'est-il pas montré par les soins qu'il a donné à l'armée digne de connoître ses besoins durant la paix, et de la conduire à la gloire pendant la guerre? quelques vivacités sont-elles une tâche dans un noble caractère? Ne rendent-elles pas témoignage que celui qui s'y livre n'a rien à voiler? N'attestent-elles pas qu'il ne court aucun risque de ne se pas tenir sur ses gardes, et que son cœur n'a pas d'intérêt à avertir son esprit de dissimuler?—C'est à ce cœur et à sa bonté réelle que ceux qui approchent M. le duc de Berry rendent unanimement justice.

> " *Genus immortale manet, multosque per annos*
> " *Stat fortuna domus.*"

Ce sont de tels maîtres, c'est le sang de Philippe Auguste, de St. Louis, d'Henri IV et de Louis XIV, qu'on vous propose, Français! d'abandonner pour les fils d'un huissier d'Ajaccio! c'est pour un tel étranger dont la soif pour le sang ne peut être étanchée, dont l'élévation a pour degrés les cadavres de tant de millions d'hommes, dont les crimes ne sont balancés par aucune vertu, dont les talens sont contestés, mais que j'admets, que j'admets comme un fléau du ciel irrité; c'est de lui, dis-je, qu'on à l'impudeur, pour dernier outrage fait à votre raison, de vous présenter le sceptre d'airain comme un sceptre de votre choix ; de vous presser, de vous courber sous un joug qui seroit humiliant, si même il étoit léger ! Mais non, le peuple français, en prenant ce mot dans sa véritable acception, n'y consent pas ; il rejette, de toute sa puissance, une domination attentatoire à son honneur, destructive de tout ce que les hommes ont de cher ; il fera avorter une entreprise infernale dont le succès mettroit la justice divine en problême. Car le peuple ne se compose pas de quelques tygres qui ont volé le nom d'hommes : la nation ne consiste pas dans quelques soldats égarés qui la vendent au chef qui les a façonnés au pillage et au meurtre : on la reconnoît moins encore, cette nation, dans sa lie la plus fétide, membres gangrènés du corps politique, à qui tout est bon, excepté l'ordre et la répression. Cette portion si abjecte ne sera pas même consultée sur la constitution nouvelle, (dont tous les articles seront violés tour-à-tour) que le *Solon de l'île d'Elbe* va lui jeter dans sa munificence : constitution dont le dernier article exciteroit le rire, si l'indignation ne le surmontoit pas. Il prescrit aux Français, comme un sentiment collectif recueilli d'avance et prédéterminé, de reconnoître Buonaparte et sa famille, parce que lui Buonaparte en donne l'ordre à ses bons et *libres* sujets : il leur prescrit, en cas d'extinction de sa noble race impériale, de choisir qui bon leur semblera pour maîtres, exceptés ceux qui ont le droit imprescriptible de l'être : il leur ordonne de s'égorger un jour sur les tombeaux de son illustre famille pour qu'elle n'ait pas des successeurs si peu dignes d'elles ; et ne trouvant pas que cette lignée de messalines, et de brigands ait coûté déjà assez de sang et d'infortunes au monde, il fait des provisions testamentaires pour que les races futures le retrouvent partout et le croyent immortel !!!

Mais parlons sérieusement et trouvons la nation française où elle est : dans cette immense majorité des citoyens qui, du fond des provinces, ont envoyé leur adhésion, leurs vœux et leurs bénédictions au pied du trône ; dans leurs représentans qui ont environné le gouvernement de leur amour et de leurs respects ; dans tous ces Français qui, dans nos assemblées, dans les campagnes, dans les villes, dans la capitale, ont proclamé Louis XVIII le père de la patrie, et l'usurpateur de son sceptre un ennemi public ; dans ces sujets fidèles de toutes les conditions, de tous les sexes, de tous les âges, qui, dans les lieux publics, dans les spectacles, dans l'enceinte ou les dehors du palais, poursuivoient le Roi et sa famille de leur enthousiasme et des témoignages de leur dévotion ; dans tous ceux qui abhorrent Buonaparte et désavouent ses complices, qui paieroient de toute leur fortune un jugement du ciel qui en affranchiroit la terre, qui frémissent à son odieux nom qui est pour eux l'épitôme de toutes les adversités, pour qui son horrible retour, est la boîte de Pandore d'où vont se déchaîner tous les maux.—C'est-là la France.

CHAPITRE VI.

Des Régicides.

PARMI les gens habitués à penser il n'y eût qu'une opinion en France, quand on vit Buonaparte conduit à l'île *d'Elbe,* avec le titre d'empereur, et qu'on sut les soins minutieux qui avoient été pris pour sa conservation, comme s'il se fut agi de la vie du meilleur prince. Une autre réflexion qui effraya les esprits les moins pénétrans, fut la proclamation d'une amnistie générale qui n'exceptoit pas même les régicides—dans laquelle il ne se trouvoit pas même une clause qui leur enjoignit de sortir du royaume! il fut aisé de prévoir que l'un ourdiroit des trames avec ses agens dans l'intérieur, et que les autres, incrédules sur un si étrange pardon, que je ne peux pas appeler magnanime, n'omettroient rien de leurs ténébreuses machinations pour renverser le trône. Ils y voyoient assis, même dans l'agitation de leur sommeil, un vengeur de la majesté immolée et du sang fraternel qui demandoit une expiation.

La conspiration d'Excelmans, acquitté par Drouet et ses complices, le mémoire de Carnot qui osoit prendre le Roi à témoin de la nécessité dans laquelle il avoit été d'assassiner son auguste frère;

l'audace sacrilége de cette bête féroce qui lui demandoit de l'en absoudre et de trouver ses raisons bonnes ; l'ineptie de sa diatribe pour charger de ce meurtre sacrilége ceux qui en avoient le plus gémi, ceux qui auroient sacrifié leur vie pour épargner à la France la honte d'un tel attentat ; tout contribua à démontrer aux plus incrédules qu'une crise menaçante approchoit : les ministres les plus fidèles, les plus clairvoyans et les plus exercés auroient à peine suffi pour détourner un orage, dont les éclairs brilloient de toutes parts ! la grande âme du roi n'en fut pas émue. Sa magnanimité ne soupçonna pas la profondeur de cet abîme d'infamie qui se creusoit sous ses pas. " Messieurs, dit le Roi, à ses plus fidèles serviteurs, à tout ce qui remplissoit les appartemens, votre zèle m'est connu ; j'en profiterois, si cela étoit nécessaire : je n'en aurai pas besoin." C'étoit moins de six jours avant de quitter sa capitale que Sa Majesté parloit ainsi ; moins de six jours, dis-je, avant de quitter Paris, qu'elle ne voulut par rendre un théâtre de carnage où la fureur du rebelle, secondé par d'autres rebelles, auroit triomphé. J'ose dire que je n'avois pas été un des derniers à redouter la catastrophe que l'Europe a vue avec horreur, mais j'avoue que je sortis des Tuileries, à-peu-près rassuré. Je me disois, seroit-il possible que le Roi fut trompé à ce point ? il est mieux instruit que moi.—Noble faute ! angélique confiance émanée d'un cœur sanctuaire de la vertu !* et ces hommes de sang qui n'ont été persécutés que par leur imagination, qui n'ont éprouvé d'autre vengeance que celle de quelques cérémonies religieuses et expiatoires de leur forfait, et desquelles il leur a fallu se résigner à être les témoins effrayés, on osé publier qu'on n'avoit rien tenu de ce qu'on leur avoit promis, et qu'un glaive avoit toujours été suspendu sur leur tête ! il n'y a qu'un mot à leur répondre, en s'accusant d'être obligés de le prononcer : " Mais scélérats, vous vivez ?

Un *Cambacérès*, plus extraordinaire par ses ridicules qu'il n'est citable même par ses vices, en revoyant Napoléon, s'est écrié : " Sire, vos fidèles serviteurs, *si cruellement éprouvés*, se présentent, etc., etc., etc."

Qu'elle est cette épreuve ? Ah ! sans doute, c'est celle de les avoir laissé vivre, puisqu'ils ont eu le temps de réfléchir à toutes les raisons qu'il y avoit pour les faire mourir !

Le royaume leur sembloit trop étroit pour les contenir avec un Roi de France ! Il leur falloit un homme déclaré indigne de vivre par tous les gouvernemens de la terre, pour qu'il fût jugé digne d'être servi par eux. Il leur fallait un trône dé-

---

* Quelques centaines d'hommes de l'élite de la maison du Roi, envoyés en poste au moment où l'on fut instruit que Buonaparté avoit débarqué, auroient, sans aucun doute, rapporté sa tête.

gradé pour qu'ils fussent pressés de se prosterner devant ses marches.—Voilà qui ils sont, on le savoit, et aucunes mesures de sûreté n'ont été prises contre eux! Mais maintenant ils livrent une bataille désespérée. Leur temps est venu, leur heure a sonné, leur chef voit déja la main qui trace sa condamnation sur la muraille : cette condamnation est la leur. Le temps des rétributions va s'accomplir : hors de France, en France, il n'y a qu'un vœu pour que les racines de l'arbre du mal soient extirpées du sol qui l'a porté. Que l'univers se retire devant eux, qu'ils n'y trouvent pas un asile ! que du moins, la terre de la patrie en soit allégée, que leurs os ne reposent pas dans son sein, et que la France, purifiée et libre, ne leur offre pas un tombeau où leur espoir déçu, ne rencontrera pas le NÉANT.

CHAPITRE. VII.

De la Bassesse de presque tous les Gens de Lettres, depuis nos Discordes.

Ces perturbateurs qui jadis furent les fléaux de leur pays, en étaient aussi des ornemens. Ils étaient moins des conspirateurs que des hommes qui se mettoient à leur place : non que je veuille dire que leurs talens étoient le strict contrepoids de leurs forfaits, mais ils pouvoient en paroître les correctifs. Cette fois-ci le systême de la terreur et la suprématie des Jacobins n'ont fait éclore dans l'intérieur que le crime dans toute sa laideur, que l'abjection et la barbarie dans leur plus atroce difformité.

Cette comparaison des temps anciens avec l'époque moderne, ce rapprochement des Guises, des Retz, des Montmorency, dont ce seroit déshonorer la mémoire que de nommer après eux, même les meneurs les moins coupables des dernières rébellions, fixent douloureusement la pensée sur la dégradation successive de notre littérature. Que sont-ils devenus ces hommes qui fondirent la gloire des lettres françaises, qui exercèrent sur l'Europe une noble et douce magistrature, qui, de concert avec les armes victorieuses de Louis-le-Grand, assurèrent à notre langue une prééminence incontestée et en firent la langue des nations ? Que sont les gens de lettres d'aujourd'hui, si on les mesure seulement avec le second ordre de ceux du règne de Louis XV et du commencement de Louis XVI, quelque but coupable qu'ayent donnés à leurs écrits la plupart d'entr'eux ; il s'en va sans dire que Voltaire, Montesquieu, Buffon, sont des géans, que je n'ose pas même ici nommer.

Presque tous les pygmées littéraires de l'époque actuelle ont rivalisé d'efforts pour rendre aussi sensible la lâcheté de leur caractère que l'inanité de leurs talens : on diroit que le plus grand nombre d'entr'eux a voulu prouver géométriquement la bassesse d'une profession qui semblait noble,* quoique depuis long-temps le ridicule s'y soit attaché, parce qu'après avoir admiré les généraux, en lisant une histoire féconde en exploits et en grands talens militaires, on jette le livre quand on arrive au chapitre des goujats et des vivandières de l'armée.

En effet que peut-on attendre désormais de cette poignée de *Liliputiens* qui se disputent une

---

* Il est clair que rien de tout ceci ne s'applique à des hommes encore très-considérables dans les lettres, et qui, forts de leur probité et de leurs talens, ont défendu la morale, la justice, les grands principes enfin, et la religion, et le malheur, et le trône : leur conscience ne se méprendra pas sur mon intention.

arêne où l'ombre même de nos grands maîtres dédaigneroit de planer? Aussi la nation a-t-elle, en général, le plus souverain mépris pour leurs successeurs dégradés.* Quant à la doctrine politique, dont ils ont été les apôtres, une phrase assez courte la caractérisera, et les peindra d'un trait. Insolens devant la bonté, bas devant la tyrannie.

Toutes ces ombres rehaussent l'éclat de cette figure que j'aperçois sur l'*autre* pan du tableau: c'est l'auteur éloquent de tant d'ouvrages qui vivront mais qui ne furent point écrits au bruit des canons de toute l'Europe tonnant sous les murs de Paris: c'est l'auteur du Génie du Christianisme, mais qui est aussi celui d'un ouvrage remarquable, empreint de son talent accoutumé, honorable surtout parce qu'il fut tracé au milieu des dangers, et que ce monument d'un cœur et d'une plume dévoués à la cause du Roi fut élevé, quand la chute de la tyrannie étoit encore un problême. Ma louange a

* L'auteur du poëme de la Navigation, feu M. Es...., (je ne parle *que de son talent*, et il en avoit, et toutes les traditions d'une saine littérature, me disoit un jour que "*la littérature étoit livrée aux bêtes*." Il aurait pu ajouter, à des bêtes méchantes comme des hommes. Ce même Es...., qui avoit, comme il arrive souvent, une prétention en sens inverse de la vérité, et qui vouloit être regardé plutôt comme un homme du monde que comme un homme de lettres, me racontoit une autrefois que, faisant une visite à une danseuse de l'opéra, elle avoit dit à un étranger qui se soulevoit de son siége: "Ce n'est rien, ne vous dérangéz pas, je vous prie, c'est un auteur!" Il assuroit que cette histoire l'avoit singulièrement diverti.

peu de prix peut-être, mais elle est sincère : il faut rendre à César ce qui appartient à César.

Buonaparté, qui a toute la vocation d'un charlatan et tout le charlatanisme du rôle qu'il a usurpé, n'a pas négligé de s'emparer de ces frêles, mais utiles instrumens de son despotisme asiatique. Il n'a pas hésité à acheter bon marché ces précepteurs complaisans, chargés de faire l'éducation publique, et qui ont trouvé plus d'un disciple rebelle. Leurs préceptes rentroient dans son systême d'esclavage et de corruption, comme les leçons qu'il a prises de *Talma* devoient concourir à la splendeur de son règne !! Car, sérieusement, l'extérieur d'un prince *qui n'en est pas un,* les gestes, le port, les airs de tête, la démarche d'un homme qui s'est mis sur un trône comme un rustre s'asseoiroit sur un sopha dans un boudoir, toute cette pantomime (malheureusement tout cela ne s'apprend pas, quand on commence tard et qu'on a tant d'autres choses à faire) et cette dignité d'emprunt si nécessaires à un soldat dont lepoint de départ est si connu ; tout cela, dis-je, serviroit merveilleusement un usurpateur et imprimeroit à ses paroles et à ses actions je ne sais quel prestige spécieux et imposant. Mais les gens de lettres de Buonaparté n'ont pas plus réussi à faire aimer leur patron, que Talma n'a été capable d'enseigner à son héros une attitude vraiment royale, une contenance noble et majestueuse, dont lui-même, en quittant les planches, perd la tradition et ne retient rien à transmettre. L'épée de *Turenne* dans la main de *Ney* lui donneroit-elle la loyauté et la grandeur d'âme de ce héros ?

Ah ! comme il faut se féliciter que le regard de l'homme qui a fait assassiner M. le Duc d'Enghien reste là pour déceler son âme ! Comme il faut s'applaudir que la tête de cet homme qui médita de renverser du trône d'Espagne le père et le fils opposés l'un à l'autre et joués également par lui, disant à ses confidents, " qu'un Bourbon à sa frontière étoit un solécisme en politique" comme il faut s'applaudir que la tête de ce scélérat, faisant périr trois cent mille Français dans cette guerre exécrable, pour couronner son frère, malgré les Espagnols et malgré lui, ne puisse pas prendre les yeux et le caractère de physionomie de Titus ou de Louis XII, ou de Louis XVIII ! Comme il faut s'applaudir que sa figure le trahisse, avant que son nom même et sa vie l'aient révélé !

Mais je perds de vue ses littérateurs, ses gazettiers, ses faiseurs de prologue et d'opéra, ses traducteurs avec dédicace, ses prosateurs, ses poètes, ses orateurs à l'institut, au sénat ; tous grassement payés par la nation qu'ils abusoient. Cette armée avoit sa tactique comme l'autre armée. Elle étoit aussi lâche que la véritable armée étoit brave, mais elle étoit presqu'aussi utile aux projets de sa tyrannie. Il étoit obligé de dissimuler, de se gêner avec les héros d'Austerlitz, son mépris se mettoit bien à son aise avec ses gens d'esprit, qui lui appartenoient, comme Beaumarchais disoit que sa " no-" blesse étoit à lui, car il l'avoit payée." Il employoit la plume et le savoir de ces messieurs à tous les genres de prostitutions qui eussent déshonoré des talens autrement robustes que les leurs : depuis la tâche de pallier ses crimes jusqu'à la honte de le louer ; depuis l'imposture de ses journaux jusqu'à l'impudeur des allégories et des applications dans les théâtres ; depuis les éloges de commande dans les discours d'apparat jusqu'à l'inquisition ténébreuse de sa police ; depuis les ordres que quelques-uns d'entr'eux transmettoient à tel auteur d'imprimer telle chose jusqu'à la défense signifiée à tel écrivain d'en imprimer une autre. Certes, ils ont bien fait leur charge, et ont des droits aux récompenses de la tyrannie que personne ne sera assez mal avisé pour leur contester ! ! !

Je l'ai dit, il est parmi ceux qui cultivent encore les lettres, des hommes d'un noble caractère, et qui ne se sont pas roulés dans tant de fange : mais le nombre en est comparativement petit, et des exceptions confirment la règle.

J'ai remarqué avec regret qu'un homme auquel il est impossible de refuser beaucoup d'esprit, qui a prouvé qu'il avoit surtout celui d'observation, qui a écrit quelques ouvrages qui resteront, qui a même le ton de la bonne compagnie, et qui avoit attaqué Buonaparté assez vivement depuis sa chute, avoit menti à son opinion et à son cœur en lançant quelques traits contre sa statue renversée. Buonaparté qu'il a baffoué, étoit resté son héros ; il jouoit la haine, le mépris, il feignoit des sentimens si naturels à un homme d'honneur!! ce seroit là un bon article de mœurs ! mais pour qu'il fut bien fait, il ne faudroit pas qu'il l'écrivit, malgré le talent qu'il met souvent dans ses autres tableaux.— Il est vrai que sa transition a été brusque et qu'il n'a pas perdu de temps, au retour du tyran abhorré, pour chanter la palimodie : les articles les plus virulens, les plus moqueurs, ont été dirigés contre la maison de Bourbon, contre la noblesse, contre la vieillesse et le malheur. Il est vrai que les éloges, la flatterie la plus dégoûtante ont été prodigués au tygre démuselé, et que nous avons appris que Bonaparte étoit le héros que la France avoit pleuré, avoit espéré dans son état d'infortune et d'avilissement et qu'elle revoyoit avec ivresse. Les habits mêmes de quelques gentilshommes, pauvres sans doute, puisqu'on les a volés, courbés sous les poids des ans parce qu'ils n'étoient pas jeunes, quand une révolution qui a déshonoré le nom français, a commencé, et qu'elle a duré long-temps ; leurs habits, d'une coupe peut-être un peu antique, ont servi de texte à la gaîté de l'auteur, et ses plaisanteries ont atteint un âge auquel il n'arrivera peut-être pas ! mais il ne faudroit rien exagérer quand on peint, soit avec une plume, soit avec un pinceau, sous peine de n'être pas *vrai*. Que signifient des uniformes du temps de la régence ? celui qui seroit entré une fois seulement aux Tuileries auroit vu, qu'exceptés les uniformes positifs du service actif, il n'existoit qu'un seul et même habit? Il étoit de drap bleu, avec un bouton orné d'une fleur de lys. mais c'est sans doute cette fleur de lys qu'on vouloit insulter. J'ignore ce que faisoient *les voltigeurs de Louis XIV*, mais je sais que les gens de lettres de ce grand règne étoient respectables, parce qu'ils se respectoient.

Une calomnie plus odieuse dirigée contre les fidèles serviteurs du roi, et le projet d'avilir l'autorité souveraine dans sa chûte, se trouvent dans la plus fausse des assertions, que " les Tuileries étoient, *le Dimanche* 19, une vaste solitude :" j'y étois, et j'atteste que les appartemens ne pouvoient contenir la foule, que les cours, aussi, étoient remplies, et que les acclamations et les cris de "Vive le Roi, vive la maison de Bourbon !" étoient dans toutes les bouches comme dans tous les cœurs. Mais, encore une fois, les *hommes de lettres de Buonaparté* n'y regardent pas de si près, quand il s'agit d'insulter ce qui est terrassé, et de rassassier d'encens le crime triomphant et la puissance heureuse !

Voilà pour un fait et pour le degré de confiance à accorder aux écrivains de parti, ou plutôt à ceux qui ne sont d'aucun parti. . . . *que du leur*.

Maintenaut, c'est Napoléon porté en *triomphe dans son palais* ! J'ai vu cette entrée-là d'un peu plus loin que la solitude du roi dans son palais, *le Dimanche* 19 : mais enfin je l'ai vue, comme je crois l'avoir dit, dans le chapitre II de cet opuscule. J'ai dit la vérité, comme tout ce qu'il y a d'honnête et de sincère l'attestera. Ce n'est pas tout de faire des contes aussi odieux (je me sers d'un mot poli) il faudroit prendre garde de ne pas se faire rire au nez par toute la France, si la France pensoit à ces messieurs.—L'entrée de Buonaparté à Paris fut un triomphe ! son.... mais l'indignation commande le silence et le mépris y souscrit. Si c'est-là le triomphe du grand Napoléon, il ressemble à la pompe funèbre d'un malfaiteur : c'est pour cela, sans doute, qu'on peut s'y méprendre.

Un autre littérateur, je ne dirai pas de *la même farine*, car rien ne peut étonner de celui-ci, s'est chargé d'exprimer à Napoléon les sentimens dont sont animés tous les Français ; il s'est dévoué à l'infamie de lui dire qu'il étoit leur seul souverain légitime, que la France avoit, depuis son départ, jetté des regards de détresse, poussé des soupirs d'amour et de désespoir vers le rocher qui portoit l'espérance du monde, et que cette *France* (celle de l'orateur) et les arts (ceux qu'il cultive) avoient porté le deuil de son exil et attendoient leur *libérateur !* tandis que tous les fléaux, tous les genres de misère, toutes les espèces de honte rentroient à sa suite.—J'en atteste l'Europe et tous les peuples.

Un misérable calomnie son pays, profère impunément un discours blasphémateur, quand toutes les familles sont dans la consternation, quand les maisons renferment la terreur et le deuil, quand le royaume rappelle un père, l'ordre, la liberté, la justice qu'il avoit rétablies et la prospérité qui les alloit suivre! et le jour de la justice n'arriveroit pas? il ne viendroit pas ce temps où, avec l'indulgence qu'un père doit à des enfans égarés, le roi pourra allier avec ses autres vertus la juste inflexibilité qui doit péser sur des rebelles endurcis, que la patrie a le droit de rejeter de son sein, puisque cette mère outragée, en sens inverse de Saturne, seroit dévorée par ces enfans dénaturés qu'elle renie.

CHAPITRE VIII.

De l'Esprit des différens Ordres de la Société en France.—De l'Antipathie pour l'ancienne Noblesse et du Mépris pour la Nouvelle.—Des Acquéreurs des Biens Nationaux.—Des Etrangers et du Roi.

Au renversement de l'ordre social en France, un peu avant le premier règne de la terreur, (nous sommes arrivés au second) les gens de finance, les capitalistes, les banquiers, se crurent naïvement les personnages les plus considérables de l'état: il y en eut même plusieurs qui s'arrangèrent avec leurs femmes pour s'enrichir en *manquant*, sans crainte d'être recherchés et surtout sans s'exposer à restituer.—C'étoit un singulier moyen de considération, un expédient nouveau pour passer, dans ce temps-là, pour un plus galant homme!

La plupart d'entr'eux furent d'assez bonne foi pour acheter des palais, pour prendre un cuisinier qui s'étoit *fait quelque nom*, pour étaler enfin l'imprudence d'un luxe tranquille. Ils s'imaginèrent que la hache, après avoir atteint les fils pour les punir du nom de leurs pères et de leur fortune, alloit s'arrêter devant eux et respecter des richesses roturières. Mais ceux qui *battoient monnoie sur la* *place de la révolution,* n'étoient pas gens à s'embarasser en si beau chemin et à consacrer en principe qu'il falloit essentiellement être *noble* pour avoir le col coupé.* L'illusion de leur opulence ne dura donc qu'un instant; ils se virent réduits à la cacher pour en jouir, ou plutôt à ne pas s'en servir, afin de vivre. C'étoit une subversion de l'ordre habituel des choses, mais on ne peut s'en étonner, puisque tout a été désordre et innovation dans cette révolution plus qu'*algérienne.*

Quand Buonaparté eut *escamoté* le trône, (qu'on me pardonne une expression triviale, toujours assez noble pour des *saturnales*) ces hommes d'or et d'argent remontrèrent encore leurs trésors; ils crurent qu'ils seroient sans difficulté les premiers, dans ce nivellement social, puisqu'ils étoient les plus riches. Il s'aperçurent bientôt que ce n'étoit pas une inférence naturelle de leur principe, et que l'usurpateur formoit sa cour d'autant de membres de l'ancienne noblesse qu'il en trouvoit de bonne composition ou de timides, et d'hommes enfin qui, nés dans les autres rangs, se croyoient aussi, par cela même qu'ils approchoient du tyran et en étoient fort connus, infiniment supérieurs, et par cette raison et par les places qu'ils occupoient, à ceux qui ne faisoient que des chiffres et de l'or. Ils remarquèrent bientôt que, chez une nation aussi vaine, (et nous parlons d'égalité!) il alloit y avoir une distance incommensurable entre ceux qui seroient de ce qu'on appeloit la cour et ceux qui n'en seroient pas. On ne pouvoit excepter de cette observation que la classe des gens qui portant un nom illustre, (*propriété* qui ne périt jamais en France, si elle est soutenue par un peu d'argent) avoient dédaigné ou refusé de faire partie de cette cour. Ceux-là, peut-être, étoient restés plus entiers à la tête de la hiérarchie sociale.

Præfulgebant Brutus et Cassius eoipso quod eorum effigies non visebantnr.

Les artistes et les gens de lettres, qui ne faisoient encore que préluder à cette prostitution dont j'ai amplement parlé, se considèrent aussi comme une puissance, jusqu'à l'instant qui ne tarda pas à les avertir que les hommes en place ou arrivés à la faveur militaire, ou courtisans, feroient un cas médiocre de leurs balivernes, et que plusieurs de leurs Mécènes avoient d'assez bonnes et valables raisons pour cela : un assez grand nombre ne savoit pas lire. Ceux qui avoient cette qualité indispensable dans un protecteur littéraire, n'avoient pas la générosité et la délicate politesse des anciens. Messieurs les auteurs daignoient faire quelquefois cette observation ; car ceux qui tiennent à l'ancien ordre de choses et à ce qu'on a voulu détruire se tromperoient en croyant qu'ils n'ont jamais été regrettés : mais la haine et l'*envie* forçoient même l'égoïsme et l'intérêt personnel à se rétracter : cet égoïsme est une plante de notre sol, mais il en est une encore plus profondément enracinée ; je viens de la nommer, c'est *l'envie :* c'est la *maladie endémique* de la France.

Quant à Buonaparté qui, quoiqu'en ait dit la flatterie, n'entend que les sciences exactes, il récompensa *ses âmes damnées* et le troupeau servile de ses flatteurs avec une magnificence qui surprend peu, quand on sait comment il traitoit la France et ses trésors, et quand on connoît les moyens que le pillage des nations vaincues mettoit à sa disposition.

Toutes les classses furent donc désillusionnées, et il ne resta de tous les souvenirs de cette chimérique égalité qu'un fond d'insolence dans les subalternes, et un vernis de mauvaise éducation, ou son absence totale, dans presque toute la jeunesse secondaire née sous de si funestes auspices.

La partie la plus grossière du peuple qui ne peut et ne veut jamais être éclairée sur ses véritables intérêts, quand ses passions s'y opposent, resta ferme dans les principes qui avoient été posés par de si habiles législateurs et par les hommes d'esprit et de mérite, qui avoient sapé les bases d'un des premiers trônes du monde: elle y resta ferme et inébranlable, croyant à l'égalité absolue, voulant que la lie surnage, quoiqu'on ait dit à cette honnête populace, et qu'elle ait éprouvé à ses dépends, que de telles abstractions sont des impossibilités de la même force qu'une république en France, et que ces épouvantables chimères amèneront la dissolution du plus bel empire de l'univers, sa conquête peut-être, et qu'elles sont enfin le renversement, ou plutôt la mort du corps politique.

Tels sont ces hommes qu'on chercheroit en vain dans d'autres pays, parce qu'on n'y a pas ôté tous les freins sans rien mettre à leur place, parce qu'on n'y a pas étourdi la canaille de ses droits, sans jamais lui citer ses devoirs. Tels sont ces hommes que rien ne corrige, parce qu'ils n'ont aucune instruction utile à recevoir, que rien n'encourage au bien parce qu'ils croient n'avoir à gagner qu'au mal, que rien ne ramène au calme et à une attitude de fixité, parce qu'ils croient ce mode contraire à leurs intérêts et à leurs passions, et qu'ils regardent les troubles, l'anarchie, comme la seule chance désirable, j'ai presque dit comme l'état naturel de leur genre de civilisation. Cette multitude s'est mis gravement dans la tête que tout est et doit être égal parmi les enfans des hommes : la loi agraire seroit un texte favori de leur pensée, qu'ils n'osent pas commenter tout haut : je ne crois pas qu'ils reconnoissent même l'inégalité qu'il y a entre la force, la beauté, et la foiblesse et la laideur : à leurs yeux il n'y a qu'un mort qui soit moins qu'un vivant.

Voilà la doctrine que la réprobation de l'Europe ne peut faire abandonner en France aux dernières classes, et à quelques hommes qui n'en sont pas ; quoique 25 ans de malheurs ayent dû décréditer ce symbole politique qui en est la source, l'origine et la continuation. Il ne sert à rien de leur accorder que la plus complète égalité doit se retrouver devant les tribunaux et les organes de la loi, que là ce n'est plus une abstraction incendiaire, mais une vérité de rigueur, une proposition de géométrie, une sauve-garde publique que tout le monde réclame et dont personne ne conteste ni les droits ni l'utilité : il n'est point question de cela, et ce n'est point assez pour des cerveaux malades qui ne veulent *d'aucune hérédité.*

C'est assez dire que la noblesse leur semble la plus odieuse des distinctions, la plus avilissante et la plus intolérable des traditions —Mais ce souvenir là et les livres, c'est une même chose—brûlons les livres.—Mais nous tomberons dans la barbarie.—Soyons barbares ; mais non, rions de toutes ces inventions de l'orgueil, de toutes ces billevesées et ce ne sera plus rien.—Mais il est injuste de ne pas récompenser les services rendus à l'état.—Récompensons-les dans celui qui les a rendus.—Quoi ? que tout meure avec lui.—Oui.—et ses enfans !—Ils fendront du bois ou conduiront un fiacre, s'ils n'ont pas de fortune, et si leur père ne leur a pas fait apprendre un métier.—Mais nous serions la seule nation européenne qui vivroit ainsi. Soyons cette nation, nous sommes faits pour servir d'exemple à toutes les autres.—Mais vous voyez que nous sommes en guerre avec elles toutes, et qu'aucune ne veut nous imiter.—Ils y viendront.—Ils n'y viendront pas. Ils se réuniront tous contre nous, et nous serons exterminés.—C'est nous qui les exterminerons.—Mais non, l'Europe toute entière sera la plus forte.—Eh bien! nous serons exterminés et tout cela sera fini.—Fini! mais tout n'est pas fini après nous.—Vous voulez rire, je vous dis, moi, que tout est fini.

Monsieur, j'ai l'honneur de vous saluer.—Je vous salue.

Je déclare que je me suis dix fois, je n'ose pas dire amusé, mais philosophiquement instruit, en provoquant un tel dialogue, même avec des gens qui avoient quelque chose à perdre.

Si cette conversation n'a pas semblé trop ennuyeuse au lecteur, je puis lui en soumettre une autre, qui ne date pas de trois mois avec un *membre de l'institut.*

Le Membre de l'Institut.—Le tort du Roi, ce qui le perdra, c'est d'avoir ramené la noblesse.

Moi.—D'abord, rien ne perdra le Roi, il est beaucoup trop fort; en second lieu, il n'a pas ramené la noblesse. Elle étoit toute rentrée, à quelques anciens serviteurs près qui entouroient Sa Majesté, et quelques personnes qui avoient ou des raisons ou des craintes particulières: elle étoit toute rentrée, dis-je; et Buonaparté le savoit si bien qu'il avoit mis de l'importance à donner à des gens de qualité la plus grande partie des places de sa maison, soi-disant impériale.

Le M. de L'Inst.—Tout cela ne signifie rien, c'est le Roi qui a fait rentrer la noblesse, puisque c'est lui qui lui rend une existence politique, ses priviléges....

Moi.—Quels priviléges?

Le M. de l'Inst.— Celui de se croire le premier ordre de l'état, de l'être effectivement, d'occuper toutes les places, de mépriser toutes les autres classes.

Moi.—C'est vous qui le dites.

Le M. de l'Inst.—C'est elle qui le prouve.

Moi.—Voilà de l'esprit et de la déclamation! Mais l'aristocratie militaire était cent fois plus sensible, et la noblesse d'hier mille fois plus arrogante.....

Le M. de l'Inst.—On n'y croit pas: cela ne compte point. Quant au militaire, cela ne pourroit pas durer, la France ne pourroit pas toujours être en guerre avec les autres peuples.

Moi.—Mais ne croyez pas à la noblesse ancienne, et ce sera comme si elle n'existait pas.

Le M. de l'Inst.—C'est impossible, elle existe, c'est une chose de fait.

Moi.—Que lui opposer? Surtout quand sa conduite est irréprochable.

Le M. de l'Inst.—Irréprochable! On verra avec le temps. L'ostracisme. Vous bannir tous à perpétuité. Voilà tout. Alors nous serons libres et égaux.

Moi.—Mais vous êtes libres et nous sommes égaux devant la loi.

Le M. de l'Inst.—Libres! vous verrez l'avenir. Egaux! on ne l'est jamais quand l'opinion établit des intervalles.

Moi.—Mais l'égalité parfaite, dont vous me faites entrevoir le désir, n'existe nulle part. Je suis persuadé qu'il y a une caste privilégiée chez les sauvages.

Le M. de l'Inst.—*M. LeVaillant* parle de quelque chose comme cela : mais aussi ce sont des sauvages.

Moi. (Riant)—A la bonne heure, comme cela ! Je vois que vous plaisantez.

Le M. de l'Inst.—Monsieur, je vais parler très-sérieusement. Le Roi, en rentrant, auroit dû dire, " *mes lieutenans* durant mon absence ont agi en mon nom et pour moi : ils avoient un procuration illimitée, je ratifie, *surtout* ce que *le dernier,* a fait. Je reprends ma place, mais je ne change rien."

Moi.—Mais la noblesse qui revenoit, pour me servir de vos expressions et celle que le Roi trouvait faite ! celle dont M. de Tal*** disoit, " Vous avez raison, M. Français de Neufchâteau, il n'y a de bonne noblesse en France que celle que l'empereur va faire au mois de Mai." Ces deux noblesses là, dis-je, Monsieur l'académicien, que le Roi en faisoit-il ?

Le M. de l'Inst.—Le Roi ne parloit pas même de l'ancienne, puisqu'il donnoit son assentiment à tout ce que *ses représentans* (risum teneatis) avoient fait pendant ses voyages, et qu'elle avoit été abolie : la nouvelle restoit comme il la trouvait à son retour, elle ne gêne personne, on ne la prend pas plus pour de la noblesse qu'on ne prend, durant le carnaval, un masque pour celui qui le porte.

Moi.—Voilà qui n'est pas tout à fait assez grave pour un académicien, mais c'est joli. Je vais répondre à cela. Je vous accorde que la noblesse de Buonaparté n'est investie d'aucune considération, et qu'en France, pays où l'on ne croit à rien, elle n'en impose à personne ; et que c'est une noblesse d'hier que veulent les gens qui ne peuvent y avoir aucune prétention. Cela, dites-vous, finit tout, et *la destruction d'une noblesse*, dont l'origine se perd dans la nuit des temps, est *de tous les bienfaits de la révolution* celui auquel on tient le plus. Mais les races qui ont été anoblies hier deviendront anciennes, à leur tour : il faudra donc, quand la nation trouvera que cela commence à devenir respectable et ennuyeux, refaire une révolution de feu, de fer et de sang pour spolier des orgueilleux qui auront le front de descendre de leurs ancêtres, et qui n'auront pas un sortilège pour faire oublier les services que leurs pères auront rendus, en illustrant leurs noms, que, pour cela même, il faudra proscrire. Et c'est de bonne foi qu'un littérateur distingué, qu'un philosophe me débite de folies qui sont des crimes, à l'époque désastreuse où nous vivons !

Le M. de l'Inst.—Je comprends que mes théories ne mettent pas votre orgueil à son aise, et que vous me regrdez comme un jacobin. Mais je ne puis répondre à des hypothèses, je ne puis prévoir ce qui arrivera dans quelques siècles d'ici :

si nos neveux sont mécontens de la division aristocratique de leur gouvernement, ils le changeront : nous savons ce que c'est qu'une révolution, on n'en meurt pas. D'ailleurs je vais vous dire ma pensée toute entière. Ces suppositions là sont des questions oiseuses et sans bases. L'Europe entière aura adopté le gouvernement républicain, n'aura ni rois, ni nobles, ni prêtres, avant deux siècles.

Moi.—Vous êtes plus fou que dangereux. En *Espagne*, je me fâcherois ou vous dénoncerois à l'inquisition ; en France, on ne dénonce point et l'on rit de tout. Bon soir.

Je demande à tous ceux qui se mêlent d'administration si ce sont là des hommes faciles à gouverner, si une telle nation doit se féliciter d'avoir produit les *Voltaire*, les *d'Alembert*, les *Helvétius*, les *Diderot*, les *Condorcet*, &c. &c. et leur postérité encore dégénérée, et si l'Europe doit être enchantée de tant d'esprit et de son heureux emploi ! !

O mes compatriotes ! vous que j'ai tant aimés et dont je suis si près de me désintéresser, revenez à vous-même, à la raison, à tout ce qu'il y a de bon et de généreux dans votre caractère, à cette aménité de mœurs, à ce sentiment des convenances, qui rendirent, jadis, le nom Français si agréable à porter dans toutes les contrées !

Que vous réprouviez l'institution d'une noblesse, qui accapareroit toutes les distinctions, par qui la voie qui conduit à toutes les places seroit interdite à vous, à vos enfans, qui vous tiendroit dans un état d'humiliation et de dépendance—je le comprends. Mais de bonne foi, est-ce de cela dont il étoit question ? Qui vous conteste une égalité absolue dans nos cours de justice, aux yeux des lois, devant les magistrats ? Qui vous refuse les emplois que vous mériterez ? Qui veut paralyser vos moyens de fortune, d'avancement, d'illustration ? Qui veut s'interposer entre aucune place et vos talens pour l'occuper ? L'état militaire, la robe, la finance, l'église, la diplomatie, tout est accessible pour vous, puisque nous sommes tous des Français. Notre Roi l'a dit, il la juré, et celui-là n'est pas comme l'imposteur qui vous opprime et se joue de vous depuis vingt ans, ce Roi légitime, ce descendant de vos Rois, il ne jure pas en vain, lui ! L'univers le connoît et le respecte, il n'a jamais trompé personne ! il ne commencera pas par son peuple ; il aimeroit mieux mourir que de le tenter ; et s'il le vouloit, d'après les barrières qu'il a élevées entre lui, ses successeurs et la tyrannie.... il ne le pourroit pas plus qu'ils ne le pourront.

Où il n'y a point de despotisme, il n'y a point de supériorité insupportable.

Le soldat né avec le mérite et les talens nécessaires pour être maréchal de France, le deviendra. Qui disputera à son fils d'être noble comme le courage, l'honneur et la vertu même ?

Qui veut s'opposer à ce que la nation la plus spirituelle et la plus essentiellement militaire du globe ait conquis le droit de marcher à la lumière du siècle, que la première elle a le plus contribué à éclairer? Heureuse si elle n'avoit pas jetté, momentanément, j'espère, ce fanal de la raison plus solidement brillant que tout le clinquant du bel esprit et les lueurs étincelantes, mais fugitives des sophismes et d'une fausse philosophie! Rentrez pour toujours dans la sagesse, ô Français! et malgré ces sombres nuages que le passé à amoncelés sur le présent et sur votre avenir, vous serez encore heureux; et si vous êtes assez raisonnables, vous serez toujours assez grands.

Vous renfermez encore dans votre sein une classe malade d'une inquiétude que rien ne peut guérir, parce que toutes les grandes injustices sont défiantes. Mais enfin cette injustice est consacrée, c'est un mal nécessaire auquel on souscrit, puisque l'intérêt de la nation le commande: les égards qu'on doit à une infinité d'acquéreurs de bonne foi le nécessitent. Ces acquisitions de biens d'émigrés et de proscrits, personne ne vous les conteste, c'est une chose finie: la charte vous les assure et la foi des députés qui représentent la France entière confirme ce grand sacrifice, auquel la munificence royale s'étoit réservée d'offrir quelques dédommagemens: que ceux qui sont le plus intéressés à croire à des garanties si sacrées ne soient pas les seuls à repousser leur évidence.

Réfuterai-je ces discoureurs de mauvaise foi

qui crient que l'éclat de la gloire nationale est terni, que cette armée habituée à donner la loi l'a reçue, que les étrangers sont entrés en France ..... Qui les y a attirés? qui va les y ramener encore?

Est-ce le Roi? il a désarmé la victoire, et réconcilié son peuple avec tous les peuples! Est-ce le Roi? il avait ramené la paix, et toutes les blessures si profondes de l'état alloient se fermer! Est-ce le Roi? lui seul avoit changé le cœur de vos ennemis, avoit rétabli vos relations avec le monde coalisé contre vous, contre vos habitudes dévastatrices et contre vos doctrines! Il alloit rouvrir toutes les sources du commerce et de la prospérité publique. Il vous avoit dévoué tous ses momens, toutes les sollicitudes de sa bonté et tous les soins de son amour. Est-ce le Roi qui veut la guerre civile et étrangère et qui vous la rapporte, comme le vil pestiféré qui rentre dans vos murs et traîne tous les maux à sa suite? A-t-il mérité, ce Roi, présent du ciel fléchi, d'être si lâchement trahi, après des sermens si solennels, par des chefs auxquels il avoit ouvert son cœur et dispensé toutes les faveurs de sa puissance, pendant que le Néron moderne (il faut avoir le courage de l'avouer) a été servi par deux mille gentilshommes et n'a été trahi par aucuns? Est-ce le Roi qui, fatigué par vingt-cinq ans d'adversités, vers la fin d'une carrière dédiée toute entière aux plus nobles vertus, n'étoit rentré parmi vous que pour vous consacrer le soir d'un jour si orageux, et pour vous rendre le plus heureux comme le plus libre de tous les peuples ?

Plus touchés de ses vertus qu'éblouis de vos trophées, plus ses amis que les vôtres, les souverains du monde avoient tout respecté chez vous : leur modération, leur magnanimité étoient spécialement un hommage qu'ils avoient offert à son cœur paternel qui s'étoit fait entendre à leur âme, ils vous avoient laissé deux bienfaits plus considérables que cette modération même que l'histoire nommera sublime : ils avoient nettoyé la France d'un Buonaparté et vous avoient bénis de Louis XVIII !

Voilà ce que dit l'univers, voilà ce que disent et surtout pensent vingt-quatre millions de Français.—Il ne leur reste plus maintenant qu'à reconnoître de plus en plus *Satan* à ses œuvres et à les déplorer, trop tard et vainement peut-être, dans leurs *incalculables* conséquences.

CHAPITRE IX.

De l'Empereur Alexandre.

Sic itur ad astra.

Le salut de la Prusse fut la première obligation qu'eurent l'Europe et l'Allemagne à l'Empereur Alexandre. Je dis l'Europe, parce que sans parler de la balance et du système politique, les armes de la Prusse ont puissamment contribué à sa délivrance et à terrasser Napoléon. L'amitié de l'Empereur pour la personne de Frédéric Guillaume, son estime pour ce monarque, un juste sentiment des intérêts d'une saine politique, l'attachèrent de bonne heure à ce royaume qui eût, vraisemblablement, sans cet appui, succombé sous les coups de Buonaparté qui s'acharna sur la Prusse avec une inimitié particulière, et dont le dessein étoit d'asseoir *Jérôme* sur ce trône.

Il ne fut désarmé ni par les souvenirs que les exploits du Grand *Frédéric* auroient dû laisser dans une âme militaire, ni par les qualités respectables de son petit-neveu, ni par les charmes de cette reine dont l'extrême beauté étoit un des moindres avantages, il lui témoigna même peu de prévenance et de politesse quand il la vit à Tilsit, et dissimula à peine un froid dédain pour le Roi. Le peu d'égards qu'il leur montra furent dus à la présence de l'Empereur Alexandre, qui, comme une immense planète, avoit ses satellites et faisoit rouler avec elle d'autres astres dans son cours. Quant au grand astre de la Russie, son éclat importunoit déjà les yeux de celui qui ne vouloit souffrir d'autre lumière que la sienne, dont il vouloit consumer l'Europe: il méditoit dans son cœur, qui juroit amitié à ce prince confiant et généreux, de l'abattre à la première occasion, et épioit l'instant favorable d'annihiler sa puissance. Il ne supposoit guères que c'étoit la sienne qui périroit dans cette lutte de l'injustice et de l'imprévoyance.

Quoiqu'il en soit, l'Empereur Alexandre noble, comme lui-même, dans l'âge des séductions quand on est digne d'être séduit par ce qui a l'air élevé et héroïque, vit un grand homme dans Buonaparté et daigna l'aimer. Il forma une alliance avec lui; entraîné par ses sentimens personnels pour l'homme, qu'il regardoit alors comme un héros, il ne se souvint de l'avoir combattu à Austerlitz, où il étoit arrivé au secours de l'Empereur d'Autriche, combattant lui-même pour le trône et la vie, que pour l'admirer davantage. " Vous voyez," avoit dit l'Empereur François à l'Empereur de Russie, avant la bataille, " un homme placé entre le déshonneur et la mort : je n'hésiterai pas." Alexandre le consola, l'encouragea, le secourut dans cette lutte où il n'y avoit rien à recueillir pour lui ou pour ses peuples, et s'exposa héroïquement de sa personne dans cette trop fameuse journée.

Quand, à une autre époque, la campagne de Moscou s'ouvrit sous de funestes auspices, sa grande âme ne fut point accablée de ces désastres : il en appela à la justice de sa cause, à une noble persévérance à repousser une agression aussi odieuse qu'insensée, au génie tutélaire de son Empire, à l'énergie de son gouvernement, à la constance et à l'amour de son peuple, et à l'inébranlable fidélité de ses soldats que la victoire électrise et qui ne se découragent point par des revers.

On sait de quel succès furent couronnées ses espérances, et la destruction déplorable de cet héroïque armée conduite à une destruction inévitable par un scélérat ivre, croyant que le monde ne pouvait plus le contenir, espérant triompher du ciel et des élémens, parce qu'il avoit vaincu l'Europe et enchaîné la France, que des factions avoient prosternée avant qu'il ne la mit sous ses pieds.

Pour faire briller les grandes et magnanimes qualités de l'Empereur Alexandre dans tout leur jour, pour marquer sa vie d'un sceau particulier et d'un honneur impérissable, il lui étoit réservé de marcher dans Paris à la tête des nations. Non que je veuille dire que ce soit là le premier de ses titres militaires et celui dont je prétends lui faire le plus d'honneur, puisque ce n'étoit pas une tâche (toute difficile qu'elle a été) impossible à accomplir, que de fondre de tous les points de l'Europe, avec des armées nombreuses sur une armée plus qu'à moitié détruite par un insensé combattant pour un trône que tous les vœux de la France faisoient écrouler sous lui, et dans l'intérieur d'un empire qui n'appeloit que des libérateurs. Mais le triomphe immortel, mais la gloire incomparable, mais le laurier que les siècles ne fâneront pas, mais les nobles vertus que la postérité appréciera avec délices, c'est cette générosité qui ne s'est point démentie, cette magnanimité (puisqu'on n'a pas un autre mot pour exprimer une telle conduite) qu'il est à peine possible d'égaler, cette volonté ferme et noble de n'opprimer personne et de mettre toute la mansuétude de la paix dans le tumulte de la conquête, cette détermination de ne pas souffrir que des idées moins généreuses germent à ses côtés ou dans son cortége, et cette résolution si loyalement formée, si religieusement tenue de donner l'exemple au monde de la douceur dans le courage, de la modestie dans le succès, de la bonté dans la victoire, de la modération dans la force, et de la justice impartiale assise sous les étendards de l'univers, flottant dans une seule enceinte, où tout est resté inviolable et sacré.

Voilà les titres de ce héros : le respect contemporain les reconnoît, et le burin de l'histoire les éternisera.

Voici maintenant une nouvelle carrière qui s'ouvre devant toutes les vertus dont il a donné de si magnifiques preuves : il ne s'agit de rien moins que du salut de l'univers. Il faut encore courir aux armes, l'*homme de l'île d'Elbe* a déserté la retraite que la clémence abusée lui accorda. Sa présence est le signal de la guerre ; c'est la guerre d'un seul homme contre le genre humain.

Marchez, magnanime Alexandre! arrachez-vous encore aux douceurs de la paix, de cette paix durant laquelle vos sujets et tout ce qui vous approche est plus en mesure de vous apprécier et par conséquent de vous adorer davantage. Arrachez-vous à ces aimables loisirs sur lesquels vous répandez autant d'élégance et de grâces que vous jettez d'éclat et de véritable dignité sur votre trône! Marchez, dis-je, vers un nouveau triomphe ! Conduisez derechef vos phalanges victorieuses sur un champ de bataille que l'honneur, la raison, tous les intérêts des peuples du monde, le respect que vous devez à votre parole qui leur garantissoit la paix, vous font un noble devoir de parcourir de nouveau avec *le Dieu des armées* pour redevenir l'ange de la Paix !

Marchez jeune héros, pour punir le crime, pour protéger la vertu, pour venger une grande injustice, une exécrable déloyauté, pour comprimer l'essor de la plus inique des rébellions, et, puisqu'il faut le dire, pour arracher à la tyrannie une grande nation, affoiblie dans ses moyens de résistance à l'oppression, par de si longs malheurs, et par un si terrible esclavage !

Et pourquoi hésiteriez-vous, maîtres du monde!

à déclarer qu'il est de votre devoir, de l'honneur de vos couronnes, de la préservation de l'ordre, et par conséquent du salut même de vos états et de la félicité de vos sujets, de replacer sur son trône un Roi légitime et malheureux, vénéré du monde entier, adoré par la partie saine, honorable, de ses sujets— j'eusse mieux fait de dire par la presque totalité de sa nation, quoique des écrivains aux gages de l'imposture et du crime s'efforcent d'établir le contraire, pour égarer votre opinion ?

Souverains de la terre ! puissant et généreux Alexandre ! Laisserez-vous s'accréditer la funeste doctrine, la doctrine de lèze-majesté divine et humaine qu'un général, aimé de son armée corrompue par ses suggestions, par son immoralité ou par l'ardeur du pillage, peut conduire ses soldats vers vos capitales, vous renverser de vos trônes, s'y asseoir à votre place, émettre des proclamations à vos sujets, adresser des circulaires aux autres cours, et métamorphoser une insurrection secondée par la fortune, le sabre et les bayonnettes, en une révolution voulue et sanctifiée par l'amour des peuples consternés et asservis ? Depuis quand ce droit du glaive seroit-il plus fort que les droits du ciel et de votre puissance, que le pacte du souverain et de son peuple, pacte indissoluble pour des mains mortelles et que Dieu seul peut et doit dénouer, dans ses jours de miséricorde ou de vengeance ? Depuis quand serions-nous condamnés à voir chaque jour ces laves dévorantes s'échapper du sein des armées, comme d'un volcan qui vomit au loin le ravage et la mort? La peste et la famine seroient des fléaux désirables à côté de ces subversions périodiques de l'autorité souveraine, et encore une fois par conséquent (je ne puis trop le répéter) de l'ordre et de la civilisation européenne.

Est-il un Français, j'en appelle à la conscience de ceux qui sont le plus innocens comme de ceux qui sont le plus coupables, en est-il un seul qui n'ait pas mille fois tourné sa pensée et ses regards vers l'échafaud du meilleur des Rois monté de ce dégré vers un autre trône qui ne se renverse pas? Qui ne se soit dit " La nation est punie pour avoir commis ou n'avoir pas empêché le plus détestable des forfaits. Est-ce que l'Europe seroit solidaire de nos châtimens, pour n'avoir pas prévenu cet attentat? On peut le croire, dix millions d'hommes ont escorté ses mânes: les derniers spectres du cortége n'ont pas encore passé: la marche funéraire n'est pas encore fermée!!!

Auguste Empereur de toutes les Russies! on éteint un incendie, non-seulement pour qu'il ne consume pas ce qu'il a commencé à dévorer, mais encore pour qu'il ne se propage pas: on arrête les brigands des forêts et des grandes routes pour qu'ils ne se gorgent pas de sang et de rapines: on fait un cordon d'assurance contre les maladies épidémiques, on fait la guerre aux bêtes féroces, si, s'échappant de leurs cavernes, elles viennent effrayer les campagnes et les cités: un insensé croupit dans une maison de correction ; un assassin meurt en exemple aux autres assassins, sous les coups du boureau ; un perturbateur du repos public est banni : les lois du monde ont pourvu à la répression de tous les crimes qui accablent les sociétés, et presqu'à tous les inconvéniens qui les affligent : n'y a-t-il que l'homme qui, depuis près de vingt ans, s'arroge le droit de dévaster l'univers, qui, sous un nom spécieux, a porté le fer et la flamme dans presque toutes les parties de l'Europe, qui l'a mise en deuil, qui n'a jamais hésité sur un crime, jamais refusé une victime ou des milliers de cadavres à son ambition, qui renverse par une atroce conspiration son souverain légitime du trône qu'il avoit juré de ne plus souiller, qui abuse de la vie que vous lui avez laissée pour revenir une torche à la main mettre le feu aux quatre coins de l'Europe—flammes que vous rejettés sur la France dont ce monstre a promis à l'enfer d'accomplir la destruction? N'y a-t-il que lui à qui la terre, couverte du sang qu'il a répandu, ait garanti l'impunité ? Que dirois-je? le langage humain n'est pas de proportion avec les énormités dont chacun de ses jours est chargé. Ce n'est pas un peu plus ou un peu moins d'éloquence qui attirera plus ou moins vite sur sa tête vos foudres vengeurs. Cette tête est dévouée à votre justice, vous l'avez mise hors de la loi, hors de la protection de l'univers, et le plus grand des coupables, qui vous *bravoit du fond de l'île dElbe,* ne sauroit plus vous échapper.

Cette coalition sacrée va bientôt entrer dans la carrière de sa gloire, et ses premiers efforts nous apprendront ses premiers triomphes. Le grand nom de *l'Empereur Alexandre*, âme de cette sainte ligue, va voler dans toutes les bouches et inspirer la confiance dans tous les cœurs : ce nom, en si grande réputation sur la terre, obtiendra une plus grande place, une plus illustre renommée dans l'histoire que le nom même de *l'autre Alexandre*, dont la gloire n'est pas aussi pure.

CHAPITRE X.

Du Prince-Régent. — De la Conduite noble de l'Angleterre.—Des Anglais.

QUELQUE puisse avoir été la politique de l'Angleterre avec la France, elle a été noble dans ses détails, généreuse dans ses procédés avec ceux qui se sont exilés sur cette terre hospitalière, elle a été noble avec la maison de Bourbon.

L'Angleterre n'en a pas moins été calomniée par des hommes qui lui devoient de la reconnoissance et qui ne savoient pas un mot de ce qu'ils avançoient, dans leurs injustes diatribes.

On lui a imputé d'avoir excité la guerre civile en France, de n'avoir accordé des secours que ce qu'il en falloit pour l'alimenter, sans en assurer le succès. Fausseté insigne, parce que j'ai eu des données particulières pour savoir le contraire. Le cabinet de St. James n'a été effrayé par aucunes dépenses, n'a jamais hésité sur les secours demandés, sur les envois d'armes et de munition, en un mot, sur aucune espèce d'avances : ce gouvernement a, non-seulement, été grand et libéral avec tous les chefs qui dirigeoient des mouvemens utiles dans l'intérieur, mais il a même prêté une oreille favorable, ouvert des mains prodigues à des avanturiers qui ont dupé sa générosité, trompé sa bonne foi, en se vantant ou d'une influence ou des moyens qu'ils n'avoient pas.

J'en puis dire autant de la fatale expédition de *Quibéron*, de laquelle on a imputé aux Anglais la funeste issue et les déplorables conséquences. La vérité est qu'ils donnèrent à cette malheureuse tentative tout le temps de s'utiliser, tous les moyens de développemens avantageux dont elle étoit susceptible, ne firent rien pour en accélérer ou en retarder l'explosion et laissèrent faire (sans se donner la peine de juger des hommes qu'ils ne pouvoient pas connoître intrinsèquemment) un intrigant et un sot entêté qui firent tout échouer.

Il seroit trop ridicule de combattre sérieusement l'opinion d'antichambre qu'il y eut un dessein, formé d'avance, de faire exterminer les officiers de la marine française qui concoururent à cettte descente, qu'on n'avoit point assurée par assez de mesures préliminaires et subséquentes, et qui fut conduite, encore une fois, par la lâcheté d'une part, et par l'impéritie de l'autre : le nom de l'amiral *Warren* dissipe jusqu'à l'ombre d'un soupçon aussi atroce ; que si ce nom respectable, et tout l'ensemble de la conduite de ce digne amiral, ne suffisoient pas à l'incrédulité ou à la malveillauce ; qu'on écoute les officiers français, méritant quelque confiance et ayant quelque réputation à perdre ; tous donneront, comme je le donne moi-même, le démenti à cette injurieuse absurdité.

Mais il est de notre triste humanité d'empoisonner la source des bienfaits d'où n'ont pas découlé des résultats heureux : il est surtout de la loquacité française de s'étendre beaucoup, avant quarante ans, sur les choses que l'on sait le moins, d'aimer le merveilleux, les événemens singuliers, de les répandre avec profusion et de les amplifier avec complaisance.

Je ne me résoudrois pas davantage à démontrer la sottise gratuite d'une autre supposition : celle que le gouvernement anglais a contribué, fut-ce de la manière la plus distante, à faire échapper de son rocher celui qu'on auroit dû y enchaîner comme un autre Prométhée : sa rage, au défaut de ses remords, auroit suppléé le vautour. Pense-t-on que les ministres, à qui l'on impute ce crime de lèse-humanité, en eussent pris sur eux la responsabilité ? Crime effroyable, dont tout concourt à les absoudre, mais dont il eût été si facile de les convaincre en plein parlement. Les bons amis qu'ils ont là, y auroient-ils manqué ? Ce petit nombre d'hommes, avec lesquels Buonaparté siège si insignifiamment dans la chambre des communes, auroit-il omis, tout en se félicitant du succès, de charger les ministres accusés de tout le poids de ses conséquences ? Buonaparté lui-même, depuis sa fuite, auroit-il omis de s'en vanter ?— Tout justifie le gouvernement, tout l'auroit accusé. Que, sous ce rapport, justice soit au moins rendue à des hommes à qui il en coûte maintenant tant de peines et de travaux pour réparer un si grand malheur.

La conduite du Prince Régent, abstraction faite de l'amitié personnelle que le Roi a su lui inspirer, et dont les effets ont toujours été subordonnés aux intérêts du peuple anglais, la conduite du Prince, dis-je, a été marquée au coin d'une politesse chevaleresque et d'une magnanimité dignes de l'héritier d'un si florissant empire, boulevard des libertés de l'Europe: je ne parle pas de cette liberté dont on parviendra à déshonorer le nom, mais de cette liberté qui, fondue avec les droits des souverains et ceux des peuples, garantit également du despotisme et de la licence, et est, dans ce siècle comme dans tous les temps, la sauve-garde et l'ornement des corps politiques. Cette impulsion donnée par le chef d'une grande nation a réagi sur toutes ses parties : le sens droit et honnête du peuple anglais lui a fait donner, dans Londres, au Roi de France des preuves de dévoûment et d'enthousiasme qui (comme le remarqua Son Altesse Royale elle-même) pouvoient à peine être surpassées par celles de sa capitale : circonstance honorable pour les deux nations !

Je ne pense point à l'assassinat de Lonis XVI, de sainte mémoire, sans une impression de reconnoissance pour la nation anglaise. Il y eut une profonde consternation dans Londres : des hommes de toutes les classes m'en parlèrent avec une tristesse que leur visage attestoit. Quand la nouvelle en fût annoncée dans les spectacles, non-seulement la toile fut baissée par ordre, mais les spectateurs évacuèrent spontanément la salle, on entendit les accens de la douleur, et des larmes furent abondamment versées dans la capitale de l'Angleterre sur cette auguste victime de ses vertus et de sa bonté. De tels sentimens ont peu d'analogie avec ceux que des scélérats incapables de remords et d'amendement n'ont pas rougi d'exprimer, vingt ans après ce meurtre sacrilége, au successeur de ce martyr, qu'ils ont pris à témoin du droit qu'ils avoient eu d'égorger l'oint du seigneur et son frère.

L'esprit public de l'Angleterre, plus fatiguée qu'affoiblie par de longues guerres, est, aujourd'hui, tout ce qu'on peut attendre d'un peuple éminemment raisonnable, judicieux, humain et clairvoyant : Buonaparté est universellement abhorré.— Non, que je veuille dire qu'il ne s'y rencontre pas quelques hommes qui ont de bonnes raisons pour être dévoués à sa cause, et quelques autres qui sont encore de bonne foi dans leur engouement : ce rare aveuglement s'explique d'autant mieux dans un pays où les journalistes et les hommes de parti ont toute la latitude et toutes les facultés pour s'emparer de la crédulité des foibles et pour étayer de leur appui les machinations des pervers. Ici la liberté de la presse, depuis ses bienfaits jusqu'à ses excès, n'est point un mot : ce n'est point celle qu'un Buonaparté a dit de sa bouche qu'il accordoit, et que la junte de ses inquisiteurs et de sa police mitraillante surveille du fond de l'antre de Cacus. Mais le soleil même a ses tâches : et ce n'est pas une si inconsidérable minorité qui m'empêchera de faire honneur à l'Angleterre de l'universalité de sa détestation pour le tyran, et du regret continuellement exprimé dans ce pays, *par tous ceux avec qui l'on converse*, qu'on lui ait laissé la vie.— Tout ceci s'applique également à *l'opposition* qui marche toujours dans le sens de sa politique et de ses passions, sans s'inquiéter de l'intérêt latéral de l'Europe ; et qui, dans ce moment, n'exerce, en dernière analyse, aucune magistrature d'effet sur les résolutions du gouvernement et du peuple, qui a trop de sens et d'habitude de réfléchir pour ne pas voir qu'il est urgent de faire une guerre courte et utile, pour ne pas arriver trop tard à la nécessité de la faire sanglante et peut-être superflue.

Cette île glorieuse et prospère recueillera de cette guerre tous les fruits de la paix ; d'une paix d'autant plus solide qu'elle sera plus nécessaire au monde et plus honorable pour la nation britannique.

La gloire et l'intérêt du peuple ! Voilà de grands mots, et cette fois ils ne sont pas vides de sens ! La chose est plus grande encore ! C'est par une telle politique qu'est mu le cabinet de

St. James. C'est par des mesures d'une telle sagesse et d'une telle énergie que se recommande et s'illustre l'administration du Prince Régent : mesures, politique, que l'âme élevée de ce Prince, les lumières de son esprit aussi cultivé qu'étendu lui ont démontrées comme des garanties identiques de la prospérité de sa nation et de la splendeur de son règne.

CHAPITRE XI.

De l'Espagne—De Murat—Du Pape—De la Religion et des Cérémonies religieuses en France.

L'EXISTENCE de *Murat*, qui peut être dangereux pour le repos de l'Italie et même de l'Europe par sa complicité avec son beau-frère, est une des grandes fautes des souverains alliés. Pendant le séjour de Buonaparté à lîle d'Elbe, d'où l'on ne se doutoit pas, il est vrai, qu'il s'échapperoit si tôt, il falloit ordonner à l'un *des assassins* du dernier rejetton du *grand Condé* de descendre d'un trône qu'il souille, sous tous les rapports, n'y fut-il pas assis en opposition directe des droits du souverain légitime qui le réclame. *Murat* n'est dangereux que par *Buonaparté*, et il est permis de croire que *Buonaparté* n'eût jamais quitté son île, sans ses intrigues et ses liaisons avec *Murat*.

Ainsi il y a deux fautes qui n'en sont qu'une dans le principe et dans les conséquences.

Une autre faute qu'on attribueroit volontiers à cette puissance suprême qui châtie les peuples et aveugle leurs chefs, pour arriver à ses fins, c'est d'avoir cru qu'un beau-frère du corse Napoléon, dirigé par l'esprit infernal de cette famille, par celui de sa femme, pourroit jamais être un adversaire de bonne foi de son premier maître, de son instituteur, de son patron.

Comment les Rois de l'Europe, pénétrés du sentiment intime et juste de la grandeur, de la majesté du rang suprême, ont-ils pu permettre de s'asseoir parmi eux à un soldat couvert de crimes, ne les rachetant par rien de recommandable, et né dans les dernières classes d'un peuple *révolutionné?* C'est un outrage à tout ce qu'il y a parmi les hommes de digne de leurs respects : c'est dire en d'autres termes " Cessez d'avoir pour nous la vénération que vous nous devez."—Certes, le moins scrupuleux, comme le plus crédule des humains, ne verront pas dans *Murat*, le représentant de Dieu sur la terre !

Tandis que Buonaparté cherche à rentrer dans les bonnes grâces du Pape, Murat se fait le continuateur de ses anciens outrages au St. Père, qui, fuyant tour-à-tour devant ses deux persécuteurs, a dû songer souvent à la foiblesse qui le poussa jadis à venir dans Paris donner la sanction du ciel aux crimes de la terre, en couronnant un usurpateur et l'assassin d'un Bourbon !!! mais le vengeur de.... cette faute, ne se fit pas attendre long-temps, ce fut Buonaparté lui-même que Dieu choisit pour se révéler au vicaire de son fils.

Grande et solennelle leçon pour ceux qui armés d'une puissance de fait et d'opinion, se relâchent, même avec des intentions louables, sur des devoirs avec lesquels, pour aucune considération humaine, il n'est permis de transiger.

Voilà de graves réfléxions que le St. Père,

chassé derechef de ses états par des brigands, a sans doute faites plus d'une fois : il est à craindre que Sa Sainteté ait négligé d'en faire d'autres, tout aussi importantes. C'est qu'il ne faut pas trop fronder l'esprit de son siècle ; c'est qu'un zèle exagéré et mal entendu est plus nuisible à la bonne cause que la tiédeur même. C'est que l'inquisition protégée, des désœuvrés appelés *franc-maçons* persécutés, des jésuites ressuscités quand ils ont été bannis dans des temps plus commodes, de tous les états, des couvens sans nombre relevés pour y entasser paresseusement la population, etc. etc. etc. ne sont pas, même en Italie, des sujets d'édification, des gages d'un triomphe durable, ni les cautions enfin de la stabilité d'un trône dont le dais est dans le ciel, mais dont les fondemens tiennent malheureusement à la terre.

Ces considérations sont à l'usage de tous les pays catholiques qui se préparent des révolutions ajournées à bref délai, s'ils ne défèrent pas *un peu* aux conseils de la sagesse, aux leçons de l'expérience, à l'esprit des temps qu'il faut suivre *un peu*, diriger beaucoup, pour n'en être pas écrasés.

Quel malheur que les souverains ne puissent pas quelquefois. . . . souvent, vivre de la vie privée! qu'elle infortune que cette tendance de ce qui les approche à les tromper ! quelle misère qu'ils ne puissent presque jamais entendre, comparer, semer et receuillir !

De tout ce que je viens d'avancer sur les états

catholiques, j'excepte la France, quoiqu'en aient voulu dire quelques rebelles et quelques malveillans. L'esprit, l'opinion, les mœurs, les lumières, les préjugés mêmes ont été consultés et respectés par le Roi, législateur trop éclairé, doué d'un esprit trop supérieur et d'une vue trop longue pour avoir fait des innovations productives d'un grand danger, si les élémens du mal et de la destruction n'avoient pas couvé ailleurs.

A la fin de ce chapitre, j'aborderai avec franchise tout ce qui, dans cette question, se rattache à la France, que j'ai eu le temps d'étudier, que je connois dans toutes ses classes et dans toutes les subdivision de son esprit, qu'on peut d'autant mieux qualifier d'esprit public dans certaines matières, qu'il est unanime, je dirai pleinement ma pensée et ce que je tiens pour la vérité : je la dirai dans l'unique dessein, dans le dessein formel *d'être utile :* et dussé-je blesser quelques préventions, dussé-je ne pas plaire, autant que je le souhaite, à ceux de qui dans ce monde je prise le plus le suffrage, je parlerai comme un français, digne de ce nom parce qu'il veut le bien et qu'il confesse la vérité.

Les autres pays catholiques ont besoin de moins de circonspection et sont livrés à la ferveur d'un zèle qui doit néanmoins se prescrire des bornes et s'y renfermer. Proscrire ce qui est contraire à la religion et aux mœurs, est un devoir qui ne peut rien avoir de dangereux à remplir ; le dépasser par l'injonction despotique de certains actes ou de certaines privations, qui ne touchent pas essentiellement à cette religion et à ces mœurs, est se jetter dans des périls inutiles qui, s'ils ne se réalisent pas aujourd'hui se réaliseront demain, et que tout signale maintenant, même chez les nations superstitieuses (il y en a encore une ou deux en Europe) et dans les gouvernemens *les moins avancés :* il est d'autant plus nécessaire de voir juste, sur ce sujet, qu'en général les débris fumans des autels, quand la foi vient à manquer, se dispersent jusqu'au pied des trônes et les dévorent du même incendie qui les consuma.

L'Espagne, d'après ce que j'ai recueilli du témoignage de plusieurs Espagnols impartiaux et éclairés, me semble être à-peu-près le seul pays (le Portugal a marché un peu plus vite) où un *excédent* de formes religieuses, s'il m'est permis de m'exprimer ainsi, soit encore national ; où toutes les livrées de la superstition se remarquent encore distinctement, quoique malheureusement il n'y ait pas pour cela plus de véritable religion que dans les pays où il y en a le moins. Mais toutes les actions y sont empreintes de quelque chose de grave et de mystérieux qui donne à l'amour même la physionomie de la dévotion : enfin c'est la patrie de *l'inquisition,* qui n'y inspire point cette horreur que son nom seul nous cause, elle y remplace *la police,* et n'est aujourd'hui ni plus embarassante ni plus sévère que n'est celle-ci dans les pays qui n'ont point de charte, mais qui respectent l'opinion.

Mais elle rappelle des souvenirs abhorrés, mais elle porte un nom infâme, mais si elle est moins cruelle que jadis elle est encore assez minutieuse, mais elle donne à un clergé innombrable, à une armée de moines, une domination dont les bons prêtres ne veulent point dans les états bien constitués, et dont les mauvais ne veulent que pour en abuser.

Ainsi c'est une question qui ne peut être résolue que par un roi ami de ses peuples et qui consulteroit les esprits les mieux faits de son empire, de savoir si cette institution qui nous semble barbare doit être abolie ou conservée chez une telle nation, essentiellement amie des moines, et où il existe tel homme du peuple qui croit qu'un coup de couteau s'expie très-bien par un *Pater* ou un *Ave Maria*.

Il est digne d'un prince de la maison de Bourbon, élevé à l'école du malheur, qui est presque toujours celle de la raison et d'une saine philosophie, de réfléchir si cette statue du fanatisme doit être durablement relevée ou immédiatement renversée; mais ce qu'il y a d'incontestable c'est qu'il eût été à souhaiter que ce prince eût ordonné aux prêtres, qui lui ont donné des conseils que l'Europe connoît, de se renfermer dans les devoirs de leur état qui réprouve de fougueuses vengeances, qui renverseroient les trônes les plus affermis ; qu'il les eût renvoyés aux principes sacrés d'une religion qui, quand elle est bien comprise, ne commande que la modération, la bonté, la miséricorde, la paix, l'oubli des injures et leur pardon.

Dieu sait, si c'est l'amnistie qu'ils ont conseillée !! Ce ne sont pas là sans doute les avis paternels transmis des *Tuileries* par l'auguste chef de la maison de Bourbon, et par le Roi d'un peuple éclairé qu'il vouloit à jamais rendre libre ! Mais le prince qui est assi sur le trône d'Espagne est aussi le petit-fils d'Henri IV : ce qu'il y a de bon dans sa personne sacrée lui appartient sans doute et se retrouvera ; le reste est le fruit amer de l'oppression et de quelques *entours* qui déjà peut-être ont cédé la place.

L'Europe a dit plus haut que moi les faits et les reproches que je viens d'énoncer avec égard ; mais elle a dit, aussi, que ceux qui, en France, ont fait tant de bruit de quelques ordonnances ou cérémonies religieuses tombées en désuétude, étoient ou des brouillons, et des perturbateurs de la tranquillité publique, ou des conspirateurs qui se saisissent de tout, ou des esprits ou légers ou moroses que tout froisse et importune. Si les *processions*, contre lesquelles j'avoue avoir tant entendu crier, même des gens dont les intentions n'étoient pas suspectes, choquoient des préventions : n'y assistez pas, respectez la cause si vous ne voulez pas participer à l'effet. Vous voudriez qu'elles se fissent dans l'enceinte des églises, au lieu de parcourir les rues de Paris, le Roi y auroit sans doute consenti si quelque mode respectueux eût été adopté pour porter ce vœu au pied du trône; mais, au pis aller, restez chez vous: cela n'arrive pas assez souvent pour être une gêne.

Vos princes ont témoigné quelques bontés au clergé, se sont occupés d'adoucir le sort de quelques-uns de ses membres. Pourquoi pas? ne sont-ils pas des hommes aux yeux des plus incrédules? Plusieurs d'entre eux ne sont-ils pas aussi respectables que leurs détracteurs passionnés, généralement, le sont peu? N'ont-ils pas été dans le cortège de l'adversité du Roi? Chassés de leur patrie pour échapper à l'échafaud, n'ont-ils pas été les martyrs de la rébellion et des Jacobins? La plupart d'entre-eux n'ont-ils pas édifié par leur conduite et leur longanimité les pays qui leur ont servi d'asile? Ne leur donnez aucun ascendant marqué dans l'échelle sociale, mais occupez-vous de leur bonheur au sein de leurs fonctions consolatrices. Voilà la raison: elle n'est dans aucun excès. "*In medio stat virtus.*"

L'ordre de fermer *les boutiques* (autre grand sujet de scandale parmi les *libertomanes*) a eu trop d'extension et a été mal exprimé par les intermédiares de l'autorité. Est-ce un si grand malheur que d'avoir voulu qu'un jour fut plus particulièrement consacré qu'un autre à la religion de nos pèrer? Une nation voisine, chez laquelle j'écris maintenant, notre aînée dans les sentiers de la liberté, qui n'a peut-être pas autant que nous de cette drogue qu'on appelle de *l'esprit,* mais qui nous est bien supérieure en *raison,* les voit fermer tous les Dimanches, *ces boutiques.* Elle n'en murmure pas, elle ne trouve pas cette mesure rigoureuse : en France on l'éludoit, au lieu qu'en Angleterre on seroit puni pour enfreindre cet ordre. Au reste, le gouvernement eût mieux fait de ne pas le donner, car ce qu'il y a de pis pour l'autorité est de reculer dans le moindre de ses actes.

N'avez-vous pas blamé, aussi, quelques témoignages religieux d'une douleur trop prolongée sur le plus odieux des forfaits, et les expiations que la religion présentoit à la douleur nationale ?

Il est vraiment étonnant qu'à leur retour dans le royaume, des princes éprouvés par toutes les adversités, victimes, dans tout ce qu'ils ont eu de plus cher, des plus terribles attentats, ayent élevé vers le ciel des mains suppliantes et des yeux chargés de larmes ! Il est étonnant qu'ils ayent et montrent de la religion, quand elle seule les a si longtemps soutenus et consolés ! Qu'a-t-elle d'incommode pour les autres, cette religion bienfaisante qui rend meilleures ceux qui y croyent, et laisse plus dangereux ceux qui n'y croyent pas ? Qui ont-ils forcé ? Qui ont-ils séduits ? Qui ont-ils seulement engagé à les imiter ? Quelle momerie ont-ils encouragée. Quelles pratiques superstitieuses leur a-t-on vu faire ? On vous a dit qu'ils avoient de la religion : leurs malheurs et leurs vertus, surtout, vous l'ont fait soupçonner, car vous ne leur avez vu faire aucun acte de dévotion remarquable. Ils *vont à la messe tous les jours* ! C'est un usage ancien de la maison de Bourbon, que ses princes font bien de conserver. Un seigneur de village alloit à la messe tous les Dimanches ; et fut-il même un *esprit fort*, il n'y manquoit pas, s'il se respectoit.

Et cette princesse si infortunée dès son enfance, appui, dans sa jeunesse et dans son âge mûr de son oncle et de son Roi, si digne de la plus prospère des destinéss, ne lui trouvez-vous point, aussi, une excessive dévotion ? Ne revenez-vous point de votre surprise de lui trouver de la piété ? Quand elle a été condamnée à errer dans l'univers, quand la fille du plus puissant des rois chassée de ses palais n'avoit pas toujours une retraite assurée, lorsqu'elle a été dévouée à pleurer éternellement ses augustes parens si férocément arrachés à son amour, est-ce vous qui versiez quelque baume sur les playes de son cœur, quelques consolations dans cette nuit obscure qui la pressoit de toutes parts, qui veniez rassurer un peu cette âme découragée, si tout ce qui descend du ciel et y retourne n'étoit pas venu à son aide ? —Qui cette piété regarde-t-elle qu'elle-même et qu'elle seule ?—Ne vous en effrayez pas : cela ne se gagne ni ne s'apprend.

Fermer les spectacles est une autre question ; je n'hésite point à le déclarer, c'est une mesure fausse en quelque temps de l'année que ce puisse être, dans une ville telle que Paris. Ce sera toujours un essai malheureux : je parle de science certaine. Une tentative d'une impossibilité positive et complète. Ce serait un malheur de l'essayer, un malheur de réussir. Une nation telle que la nôtre, arrivée à la liberté par la licence, une population telle que celle de Paris, n'ont pas besoin d'être oisives ! ! C'est le moyen le plus assuré pour faire, comme disait feu le Duc de Brunswick, *désaimer* l'autorité suprême.

Panem et circenses est une devise qu'on pourroit mettre sur toutes les portes des grandes villes de France.

Règle générale ; il ne faut jamais marcher en opposé du génie et des mœurs d'une nation, dans tout ce qui ne concerne pas les règles éternelles de la haute et indispensable morale, ou n'affecte pas la sûreté matérielle du gouvernement, ce qui équivaut à dire la sûreté des administrés : expressions et choses homogènes et synonimes.

CHAP. XII ET DERNIER.

De la Nécessité à laquelle Buonaparté seroit réduit de se faire tuer ou de s'embarquer, s'il étoit attaqué à propos.—De la Probabilité qu'il seroit exterminé en France, et peut-être livré par son Armée même.—Obligation pour tous les Français de se rallier au Roi et de n'avoir qu'un Cœur et qu'un Esprit.*

Scribere jussit amor
Et patriæ et regis.

MALGRÉ mon impatience et mes souhaits pour le retour de la paix en Europe, après la chute du tyran; malgré mes vœux pour mon pays, mon Roi et tout ce qui m'est cher, je respecte en silence les délais des souverains alliés; je pense que, puisqu'on lui laisse le temps de se préparer c'est qu'on est sûr d'avoir celui de le punir et de le renverser. Lui donner quelques jours de plus à régner, c'est lui donner plus de temps pour faire ab-

* Pour aller où? parmi les nègres, dont il n'est pas prouvé qu'il ait aboli la traite, seulement pour faire sa cour à quelques membres du parlement d'Angleterre et à leurs amis.

horrer sa domination. Le répit qu'on lui a accordé ne peut le sauver, mais lui laisse quelques chances de se défendre quelques instants, tandis que je soutiens que s'il eût été attaqué plutôt, ses prétendus sujets—ses troupes même, comme je crois l'avoir déjà dit, en auroient fait justice. Il en est si convaincu, qu'une lettre de Paris, venant de très-bon lieu et que j'ai lue, dit expressément qu'il a quelques vaisseaux préparés pour lui et pour ses complices. Mais ils ne l'emporteront pas des rivages de la France qu'il n'ait fait tout le mal dont son affreux génie est capable, qu'il n'ait peut être *réduit en cendres Paris* qu'il déteste, dont il sait qu'il est lui-même abhorré et dont il s'est promis de se venger. Il sait que tout le royaume est uni contre lui dans sa haine ; qu'excepté quelques, lâches folliculaires et la plus abjecte populace, qu'excepté les jacobins au cœur de fer, aux mains de sang, qu'excepté ses confidens qui se partagent nos dépouilles de qui nos malheurs font la joie et pour qui, ainsi que pour lui, *les vaisseaux sont brûlés,* et des soldats ivres de pillage et de fausse gloire, la France entière conspire contre lui...... que divers partis et que surtout celui des gens de bien méditent sa chute et que l'univers y sourira.

Cette fois-ci, du moins la France obtiendra quelques indemnités pour ses longues infortunes : elle sera délivrée de ces bêtes féroces qui, depuis des siècles de douleurs, se la disputent, cette faveur lui est chèrement vendue : elle la paye de sa considération et de son honneur parmi les peuples : mais elle peut le reconquérir, qu'elle amène Buonaparté chargé de chaînes à la barre des nations, elle retrouve sa renommée et reprend son rang : elle se justifiera, il sera démontré que ce sont les seuls hommes exclus de son sein qui faisoient sa honte : elle prouvera que ce sont ces misérables qui, par l'esprit de vertige et de désespoir qu'ils imprimèrent à la nation, ont fait croire à l'Europe que nous ne pouvions nous reposer dans aucun gouvernement fixe et moral, que nous étions comme les malades qui se retournent dans tous les sens parce qu'ils ne trouvent nulle part le repos, et qui, pour suivre cette métaphore d'une maladie bien moins sérieuse que la nôtre, n'aiment, dans leur faux appétit et leurs goûts dépravés, que les mêts qui leur sont nuisibles et qui surtout leur sont interdits.

De là cette indifférence de beaucoup de Français pour leur pays, pour une patrie toujours dans les convulsions, toujours opposée au système général de l'Europe, à sa police, à sa morale, à ses lois ; s'abreuvant sans cesse du plus pur sang de ses enfans, vivant de discordes et *dépourvus de tout esprit public !* de-là, sans doute, cette triste observation faite par tous les étrangers du penchant qu'on tous les Français, à dénigrer ce qu'ils possèdent de recommandable, et à se ravaler entre eux : ce qui faisoit dire à Frédéric-le-Grand "que le plus mortel ennemi d'un Français à Berlin étoit son compatriote arrivé la veille."—Conduite opposée à celle de toutes les autres nations, dont les individus se soutiennent non-seulement entre eux, mais mentiroient plutôt à leur conscience que de déconsidérer un de leurs compatriotes!

Je me surprend moi-même à aimer moins la France, depuis ce dernier départ de la maison de Bourbon : il est plus triste, il est plus humiliant pour la nation de s'être laissé violer et d'avoir perdu une seconde fois son Roi et ses Princes, que d'en avoir même été déjà veuve. Je me sens désintéressé, s'il est possible, d'un pays où le triomphe des plus vils scélérats est toujours à l'ordre du jour— qui laisse sans cesse accabler, expulser ses meilleurs citoyens par les plus mauvais, où la vie s'écoule comme sur un volcan, où il n'y a d'autres chances pour se consoler d'y être né qu'une complète abnégation de soi-même et qu'une résignation qui ressemble au désespoir.

Lors de l'entrée des alliés dans Paris, quand tout étoit encore en question, mon âme agitée, incertaine de l'événement et de ses conséquences, éprouva une douleur si profonde que j'essaierois vainement ici d'en trouver l'expression, et surtout le sentiment. Le destin de cette ville si fameuse, je l'avoue à regret, n'a plus pour moi le même intérêt.

Eloigné dans ce temps là, comme aujourd'hui, de ce théâtre du ressentiment des étrangers et des fureurs présumables du tyran, que mon cœur fut différemment ému alors de ce qu'il l'est aujourd'hui!

je n'avois jamais si bien connu l'amour de mon pays, jamais été si puissamment averti que j'étois Français. Mon âme continuellement oppressée, mes yeux remplis de larmes, un sombre désespoir étoient l'habitude de mon existence.

L'idée de la destruction de Paris, de ce Paris où nous avons passé des jours si fortunés dans l'absence ou dans les intervalles de ses fièvres politiques, —l'anéantissement de cette ville de souvenirs, de monumens, d'élégance sociale, me faisoit frémir par la seule idée d'un si inconcevable malheur; en un mot, Paris réduite en cendres m'eût donné la mort.

Certes, j'espère que ce n'est pas là le sort qui lui est réservé, mon cœur y compte des amis, bien des personnes qui me sont chères, mais s'il étoit possible de devenir indifférent sur les destinées de son pays, sur celles de sa capitale qui a donné l'exemple de tant d'excès, qui a entraîné la France dans tant de crimes, qui n'a jamais déployé d'énergie que pour protéger des forfaits, sans jamais savoir s'arracher au joug des plus grands coupables, qui n'a jamais eu de force que pour le mal, d'indifférence que pour la vertu, qui, avec une population immense, imposante et armée, ne prend qu'une attitude passive depuis si long-temps, se voit dépouiller froidement des meilleurs princes, laisse entrer dans ses murs un tyran abhorré, sans qu'il y trouve le châtiment de ses forfaits et de son audace; cerne tour-à-tour l'échafaud de son Roi avec sa milice sous les armes ; soutient Robespierre et puis applaudit à son supplice, encense tour-à-tour Mirabeau, Syéyès, Merlin, le bonnet rouge et le directoire ; applaudit au consulat, adule l'usurpation, revient à l'empire légitime de ses princes et se revoit enfin sous la verge de fer de son Néron qui, quoique abhorré dans cette vaste enceinte, y trouve cependant des voix pour crier sous ses fenêtres qu'il est le père du peuple, des mains salariées pour l'applaudir à l'opéra, des académiciens pour lui déclarer qu'il est le messie qu'attendoit la France, et des corps municipaux, judiciaires, etc. etc. pour le complimenter ; quand presque tous voudroient, au fond du cœur, qu'il eût été pendu : si quelque chose, ai-je dit, pouvoit neutraliser toute espèce d'attachement, bannir toutes les réminiscences du sentiment et du cœur, rendre étranger au sort d'une telle ville, ce seroit assurément l'incomplète récapitulation de tant d'infâmies, cette versalité renaissante, cette foiblesse à qui le crime seul a quelquefois donné l'apparence de la force ! c'est ainsi qu'on retrouve le courage de s'en éloigner, s'il le faut, à jamais, qu'on se sent assez fort pour l'abandonnner irrévocablement, si la cause de la vertu et de la justice y succombe et si le brigandage, par impossible, consolidoit son empire. Ces belles paroles de M. de Lally Tolendal reviennent alors à la pensée. « *Je labourerai la terre mais je ne les verrai pas*. »

A Dieu ne plaise que cette horrible supposition

se réalise! elle est contraire à la confiance que nous devons placer dans le ciel et dans les souverains qui représentent ici-bas sa justice. Rallions-nous à notre Roi, jurons de ne vivre que sous son sceptre paternel et de replacer sur sa tête une couronne qu'il n'a jamais perdue, puisque son trône est encore dans nos cœurs. Honneur à ces français généreux qui ont tout quitté pour le suivre, et qui ont brisé tous les liens pour ceux qui les attachent à leur souverain! De tels exemples reposent l'âme, lui font du bien, au milieu de tant de scènes qui consternent la pensée et humilient notre nature: dans ce court passage de l'homme sur la terre, au milieu de ces événemens, de ces intérêts qui nous semblent si considérables et qu'emporte le temps comme un ouragan emporte un brin de paille, il ne trouveroit rien dans son cœur pour se rallier à l'idée que nous avons une destination ultérieure et plus grande, si cette carrière si étroite n'étoit pas semée de quelques traits d'héroïsme et de vertus qui révèlent l'avenir, annoblissent le présent, et amortissent les souvenirs douloureux du passé.

Londres, 26 Avril 1815.

DE L'IMPRIMERIE DE SCHULZE ET DEAN,
13, POLAND STREET, LONDRES.

TABLE

DES CHAPITRES.

Page.

CHAP. I—De la Nécessité d'attaquer promptement Buonaparté ; du Devoir des Souverains envers eux-mêmes, l'Europe et leurs Nations de le renverser ; de la Facilité qu'ils y trouveront. 7

CHAP. II.—De l'Entrée de Buonaparté à Paris ; de l'Opinion publique à cette Epoque. 12

CHAP. III.—De l'Impossibilité de la Guerre Civile ; de son Impuissance pour le Triomphe de la bonne Cause. 17

CHAP. IV.—Du Militaire Français. 21

CHAP. V.—De la Maison de Bourbon. 26

CHAP. VI.—Des Régicides. 31

CHAP. VII.—De la Bassesse de presque tous les Gens de Lettres, depuis nos Discordes. 35

CHAP. VIII.—De l'Esprit de différens Ordres de la Société en France.—De l'Antipathie pour l'ancienne Noblesse et du Mépris pour la Nouvelle.—Des Acquéreurs des Biens Nationaux.—Des Etrangers et du Roi. 45

CHAP. IX.—De l'Empereur Alexandre. 60

CHAP. X.—Du Prince Régent.—De la conduite noble de l'Angleterre.—Des Anglais. 69

CHAP. XI.—De l'Espagne.—De Murat.—Du Pape.—De la Religion et des Cérémonies religieuses en France. 76

CHAP. XII.—De la nécessité à laquelle Buonaparté seroit réduite de se faire tuer ou de s'embarquer, s'il étoit attaqué à propos.—De la probabilité qu'il seroit exterminé en France, et peut-être livré par son armée même.—Obligation pour tous les Français de se rallier au Roi et de n'avoir qu'un Cœur et qu'un Esprit. 87

www.ingramcontent.com/pod-product-compliance
Ingram Content Group UK Ltd.
Pitfield, Milton Keynes, MK11 3LW, UK
UKHW031924260826
14628UKWH00003B/1393

9 782013 656979